贺州市

瑶族文化资源产业化开发研究

HEZHOUSHI

YAOZUWENHUAZIYUANCHANYEHUAKAIFAYANJIU

广西贺州市社会科学界联合会　主编

中国出版集团

世界图书出版公司

广州·上海·西安·北京

图书在版编目（CIP）数据

贺州市瑶族文化资源产业化开发研究 / 广西贺州市社
会科学界联合会主编. -- 广州：世界图书出版广东有限
公司，2013.12

ISBN 978-7-5100-7323-6

Ⅰ．①贺… Ⅱ．①广… Ⅲ．①瑶族－民族文化－产
业发展－研究－中国 Ⅳ．① K285.1 ② G127.674

中国版本图书馆 CIP 数据核字（2014）第 008149 号

贺州市瑶族文化资源产业化开发研究

策划编辑　赵　泓
责任编辑　阮清钰
装帧设计　梁嘉欣
出版发行　世界图书出版广东有限公司
地　　址　广州市新港西路大江冲 25 号
电　　话　020-84459702
印　　刷　广州市鸿锦印刷有限公司
规　　格　787mm×1092mm　　1/16
印　　张　10
字　　数　130 千
版　　次　2013 年 12 月第 1 版　2013 年 12 月第 1 次印刷
ＩＳＢＮ　978-7-5100-7323-6/G·1509
定　　价　58.00 元

　　贺州市瑶族文化是贺州市瑶族人民在历史发展进程中形成的物质财富和精神财富的总和，是贺州瑶族人民在特定的自然环境，共同的生产、生活过程中形成的行为、思维、价值方式，是饮食、衣着、建筑、语言、艺术、文学、哲学、宗教、风俗、节日等的集中体现，是中华文化重要组成部分，是贺州瑶族人民对人类的重要贡献。

　　当今世界已进入知识经济推动后工业时代，文化生产、交换与消费成为主要经济增长领域。任何地域都必须以战略眼光，创造精神和有力举措，推动地方文化资源产业化开发，促进地域文化和民族产业大发展。

　　为加快推进贺州文化产业发展，迫切需要加强对贺州瑶族文化资源开发的战略研究，合理确定开发目标，科学谋划开发的实施步骤，确立开发的最佳路径，使开发要素之间形成最佳配置。

　　本书从产业视角，综合运用文化创意、文化传播、文化消费、市场运作等多种手段，对贺州瑶族文化资源产业化开发进行研究。通过深入剖析贺州瑶族文化资源产业化开发中存在的问题，在系统分析贺州瑶族文化资源的开发价值、开发内容、开发重点、开发模式、开发政策、产业路径和商业模式的基础上，提出了贺州市瑶族文化资源产业化开发的"1367"思路，即谋划1大战略、规划3大区域、构建6大体系、实施7大举措，为贺州市党委政府推进文化事业大繁荣，促进文化产业大发展，创建文化先进城，提供决策参考。

本书中有关瑶族文化资源的文献资料来源，一部分是从区内外有关官方报刊杂志、网站等媒体公布的文献资料和一些专著综合归纳整理而来，不一一列出具体出处，在此一并致谢。

《贺州市瑶族文化资源产业化开发研究》编辑委员会

2013 年 11 月

CONTENTS 目 录

前 言 / 1

第一章

文化资源产业化开发内涵及作用 / 1

一、文化资源的内涵 / 2

二、文化产业的内涵 / 2

三、文化资源产业化开发的内涵 / 2

四、贺州瑶族文化资源产业化开发的作用 / 3

第二章

贺州瑶族文化资源概况及特征 / 7

一、贺州瑶族文化资源构成 / 9

二、贺州瑶族文化资源特征 / 27

第三章

贺州瑶族文化资源产业化开发实践 / 29

一、贺州瑶族文化资源产业化开发现状 / 30

二、贺州瑶族文化资源产业化开发的问题 / 38

第四章

贺州瑶族文化资源产业化开发前景 / 41

一、贺州瑶族文化资源产业化开发条件 / 42

二、贺州瑶族文化资源产业化开发的机遇 / 49

三、贺州瑶族文化资源产业化开发的挑战 / 52

目录
CONTENTS

第五章

文化资源产业化开发国内外经验借鉴 / 55

一、国内文化资源产业化开发实践 / 56

二、国外文化资源产业化开发的实践 / 61

三、国内外文化资源产业化开发实践的启示 / 62

第六章

贺州瑶文化资源产业化开发主要路径 / 67

一、贺州瑶文化资源产业化开发基本形式 / 68

二、贺州瑶文化资源产业化开发主要路径 / 72

第七章

贺州瑶族文化资源产业化开发总体思路 / 79

一、指导思想 / 80

二、基本原则 / 81

三、开发目标 / 83

四、功能区划 / 85

五、工作体系 / 112

第八章

贺州瑶族文化资源产业化开发对策措施 / 117

　　一、制定贺州瑶族文化资源产业化开发规划 / 118

　　二、培育贺州瑶族文化资源产业化开发主体 / 118

　　三、构建贺州瑶族文化资源产业化开发综合体 / 119

　　四、创新贺州瑶族文化资源产业化开发投入机制 / 120

　　五、实施贺州瑶族文化资源产业化开发创意行动 / 123

　　六、推行贺州瑶族文化资源产业化开发运营新模式 / 124

　　七、优化贺州瑶族文化资源产业化开发环境 / 124

第九章

关于推进贺州市瑶族文化资源产业化开发的"1367"建议 / 127

　　一、谋划 1 大战略总揽贺州瑶族文化资源产业化开发 / 128

　　二、规划 3 大区域布局贺州瑶族文化资源产业化开发 / 131

　　三、构建 6 大体系保障贺州瑶族文化资源产业化开发 / 135

　　四、实施 7 大举措推进贺州瑶族文化资源产业化开发 / 139

参考文献 / 147

后　记 / 149

第一章

文化资源产业化开发内涵及作用

文化是指一个国家或民族的历史、地理、风土人情、传统习俗、生活方式、文学艺术、行为规范、思维方式和价值观念等。文化资源是指能够刺激消费者产生文化消费动机，并能为文化产业所利用的一切物质和精神文化，即人们物质生活与精神生活的一切内容，均属于文化资源范畴。

一、文化资源的内涵

本书界定的文化资源，在理论层面，可抽象为能够直接和间接地产生经济利益的物质文化和精神文化；在操作层面，是指具有一般生产要素的物质成果转化功能属性，可作为区域经济发展要素，通过产业手段和工程技术，实现经济价值的物质文化和精神文化；从产业化开发角度讲，就是通过对文化功用背后蕴含的经济价值挖掘开发，能转化为文化实物产品、文化服务产品及其各种衍生形态的经济资源。

二、文化产业的内涵

文化产业是指通过人们创造性的劳动，把知识、信息和意象等文化资源转化为具有交换价值的文化娱乐产品和服务的产业。本书所指的文化产业包括文化意义本身的创作与销售层面，负载文化意义的产品复制与传播层面，赋予一切生产活动和产品以文化的标记层面。

三、文化资源产业化开发的内涵

文化资源产业化开发，实质就是文化资源的优化配置，具体表现为文化产品的生产、流通与消费，文化产品是文化资源配置的结果。具体来说，是指将文化资源作为资源配置的主体要素，与其他经济发展要素充分结合，进而催生文化产业形成和发展的经济活动。从产业角度讲，文化资源产业化开发是赋予产品文化内在价值体验功能的生产活动，它包括直接生产和提供文化产品的行业，如新闻业、传媒业、出版业等；直接以文化资源为开发对象的文化产业，如文化旅游业等；以文化为核心要素与传统产业耦合的产业，如文化创意产业等新的经济形态。概括来说，文化资源产业化开发，是指通过利用产业手段和工程技术，将物质文化内容和精神文化内容转化为商业形态的文化产品，并供人们体验消费的经济过程。

文化资源产业化开发包括四个基本步骤：一是评估资源，即对文化资源开发价值（资源特性）和市场需求（资源特色）进行市场分析和判断，这是产业化开发的基础。二是创立主题，即根据整合提炼后的文化资源进行创意策划，这是资源转化成产品，实现市场细分，避免重叠竞争，产业化开发获得成功的关键，是文化资源开发的核心和灵魂。三是打造市场，即划定市场竞争合作空间，设计生产满足消费者需求的产品，开展品牌营销，这是市场对主题的进一步凝练与升华。四是开发产品，即在充分分析资源的特性和准确选择市场主题条件下，通过资源整合与文化创意，设计生产具有针对性、独特性的形象和内容的文化产品。

四、贺州瑶族文化资源产业化开发的作用

瑶族文化以其特有的民族风情和历史环境，成为瑶族地区发展经济的重要资源和基础性优势。如同土地、资金、技术等传统经济发展要素，文化资源作为一种新兴经济发展要素，对贺州经济发展的作用越来越深刻和明显。

（一）加快瑶族文化资源产业化开发是优化产业结构、促进经济发展方式转变的重要途径

文化产业是现代服务业的核心产业，对提升经济发展质量有着重要作用。一方面，新技术革命为文化功能的扩展提供了新的手段，催生出

一系列新的文化业态，如网络服务、动漫游戏、数字媒体、手机视频等，加快了现代服务业的发展；另一方面，文化产业与旅游、休闲、农业、工业、交通、房地产等产业渗透和融合，形成以文化内容为纽带、关联度日益密切的庞大产业链和产业集群，对调整优化产业结构发挥着越来越大的作用。同时，文化产业作为绿色产业之一，以绿色、环保、可循环使用的文化资源为对象，创意和智力是发展的核心要素，具有低消耗、无污染等生态环保特征，对建设资源节约型、环境友好型社会的作用日益凸显。因此，推动贺州经济社会科学发展、加快转变经济发展方式、构筑经济发展新增长点、实现绿色增长，迫切需要加快贺州瑶族文化资源产业化开发，做大做强做优瑶族文化产业。

（二）加快瑶族文化资源产业化开发是拉动消费结构升级、扩大内需的重要引擎

当前，居民消费正由生存型、温饱型向小康型、享受型转变，人民群众精神文化需求呈增长之势。通过对贺州瑶族文化资源的产业化开发，运用文化元素，提升产品的文化内涵和文化品位，挖掘文化消费潜力，拓展文化消费空间，形成新的消费需求和消费热点，不仅可以满足消费者精神层面的需求，还可以直接拉动消费的增长。

（三）加快瑶族文化资源产业化开发是提升文化软实力、增强区域竞争力的重要举措

文化软实力是一个国家或区域综合实力的重要组成部分。当今社会，文化资源是文化软实力形成的载体和基础，文化产业是文化软实力的物化。在经济与文化加快融合的大趋势下，文化成了经济发展的灵魂，经济成了文化发展的依托，传统经济正在向知识经济转变，经济的文化功能在不断提升，经济产品更全面反映对文化内涵的理解，经济竞争力最终体现为文化竞争力。文化竞争不仅在提高区域物质生产能力和水平，促进产业竞争优势形成，增强区域对外部资本、产业、人才等经济要素的集聚能力，提升区域形象，巩固区域竞争力等方面具有重要作用，而且能够影响区域居民的价值观，推进区域的经济社会进步。

加快贺州瑶族文化资源产业化开发，形成区域特色文化产业，打造贺州地方特色文化品牌，必将增强贺州文化凝聚力，释放贺州文化生产力。

第二章

贺州瑶族文化资源概况及特征

瑶族是我国南方的山地民族，按语言和习俗信仰，可划成盘瑶、布努瑶、茶山瑶等支系，主要分布广西、湖南、广东、云南、贵州、江西等 6 省区 130 多个县，现有人口 300 多万，是一个由多支系构成的民族共同体。贺州瑶族全为盘瑶，多集中在富川瑶族自治县、钟山县、八步区一带，人口 23 万多，这些瑶族集中地也是贺州瑶族文化的大本营。基于瑶族文化与其它文化一样，具有开放性、包容性、共享性、传承性的特点，本书将贺州瑶文化资源广义地定义为，贺州能开发利用、转化为经济利益的所有瑶族文化资源；是以贺州瑶族聚居区为大本营，以贺州瑶族文化资源为核心，但又不局限于贺州范围，是超越具体时空的限制，涵盖全区、全国、全球历史时空的全域性瑶文化资源。

贺州瑶族分布图

①红　瑶
②高山瑶
③平地瑶
④开山瑶
⑤天堂瑶
⑥东山瑶
⑦西山瑶
⑧土　瑶
⑨小尖头瑶
⑩包帕瑶
⑪仙回瑶

一、贺州瑶族文化资源构成

瑶族人民在长期的生产生活中创造了丰富多彩的本民族文化。作为瑶族传统文化资源留存最为集中的地区之一，贺州具有悠久的历史和厚重的瑶族文化积淀，贺州瑶族不仅传承了瑶族先民在数千年人类文明发展长河中创造的自成体系的服饰、信仰、语言、文字、艺术、伦理道德、法律、历法、风俗、文化古籍等文化要素，也创造了自己的区域特色，包括贺州瑶族在内的瑶族文化是祖先智慧的结晶、是中华民族珍贵的文化遗产之一。

贺州瑶族精美的瑶锦、多彩的瑶服、古老的传说、动听的瑶歌、优美的舞蹈、独特的婚俗、多元的宗教、原始的游耕和狩猎方式，无一不是贺州民族文化产业的重要资源。对这些历史沉淀丰厚、形态纷繁复杂的瑶族文化，我们一方面要依据各种文献资料的记载，将我国瑶族的盘王崇拜、祖先崇拜、宗教信仰、伦理道德、社会制度、风情习俗、歌舞礼仪及婚恋、丧葬、山居，历史、语言等文化类型还原历史面貌，展示瑶民族的历史脉络和总的文化轮廓。另一方面还要根据贺州地域瑶民族的器物、年代、行为、活动等方面的特色，从不同视角，对贺州瑶族文化进行系统梳理，归纳出具有不同功能特点、又便于产业化开发的各种类型。

文化是一种复合体，按年代分，贺州瑶族文化从古到今，有三种历史形态：原始文化，即文字记录之前，与瑶族图腾崇拜有密切联系的瑶族早期文化；古代文化，文字对瑶族历史记录以来至民国时期瑶民族接受现代文明以前的文化，即瑶族的古典文化；现代文化，即民国以来，瑶民族综合应用现代文明与瑶族传统文化所创造产生的新的民族文化，即当代的瑶族文化。以特征性器物鼓为标准，瑶文化分为盘瑶的木鼓（含长鼓、黄泥鼓、堂鼓）文化、布努瑶的铜鼓文化、茶山瑶的陶鼓文化三种不同类型，这是瑶族多元族源的表现。按行为分有两种，一是接受汉文化较多，行为与平地居民相近的平地瑶文化；二是接受汉文化较少，行为与山区环境有密切关系的高山瑶文化。按生产方式分，有狩猎、垦田、垦山等三种类型。为便于对文化资源产业化开发利用，根据文化资源的表现形式，本书把贺州瑶族文化资源分为有形的物质文化和无形的非物质文化两大类。

（一）物质文化

瑶族有形的显性物质文化资源主要包括：集中反映瑶族特色的生产工具和生活用品，如服饰、器皿、用具等；具有瑶族特色的代表性建筑物、构筑物、设施、标识以及在节日和庆典活动中使用的特定自然场所，如民居、庙宇、桥梁、石城、仓库、梯田、歌圩等；保存比较完整的瑶族民间文化生态区域，如瑶村、瑶山等；具有学术、历史、艺术价值的文史资料，手稿、经卷、典籍、碑刻、文献、契约、楹联等。

1.民居。瑶族住房大都依山而建，居住分散，以砖瓦结构、竹木结构、石结构和全木质结构为主，有干栏式、半边楼、全楼和四合院之分。瑶族竹楼颇具特色，以竹为材，不用一钉一木，构造独特。

富川县朝东镇石林村瑶族木楼

富川平地瑶民居

　　2.特色村镇。如独具特色的富川秀水村、富川福溪村、富川石林寨、富川柳家村、富川凤溪村、富川高桥村、钟山大桶山、昭平仙回街、平桂马窝村、八步黄洞村等。这些村落反映了瑶民族对山居环境中人居与

富川瑶族自治县秀水村

平桂管理区沙田镇土瑶粮仓

八步区黄洞乡东山瑶的土坯房

环境关系的理解，反映了瑶民族对聚落地区建筑总体布局与规划的理念，也活态地全面传承这些村落的历史民族文化。

3. 特色民族建筑。 贺州瑶族创造性地构建了许多有别于其它民族，其它区域的建筑形制，集中体现了贺州瑶族先民在建筑力学方面的成功经验，具有较强的科学性和艺术性。最具代表性的有富川平地瑶风雨桥、石林和柳家等地的吊脚楼、福溪百柱庙、黄洞东山瑶索桥、土瑶的粮仓库、喀斯特地貌环境下的石城等。

富川古风雨桥

4. 服饰。 瑶族服饰丰富多彩，不同地区不同支系的服饰有较大差别。贺州域内瑶族服饰有近 20 种。瑶族服装多绣花纹图案，花纹取材于大自然中

1 八步区黄洞乡瑶族吊索桥
2 八步区步头镇西山瑶女盛装
3 富川瑶族自治县平地瑶女装

钟山县两安乡平地瑶男女服装

八步区黄洞乡东山瑶女装

平桂管理区鹅塘镇土瑶女装

的花、鸟、虫、木，图案有方形、菱形、万字形、人字形等。瑶族妇女喜欢佩带饰品，有头钗、头针、项圈、耳环、手镯、戒指、胸牌等。风格独特的瑶族服饰，反映了瑶族人民对美好生活的追求。

昭平县富罗镇包帕瑶男女服装

1 富川县石林山瑶酿酒
2 瑶家烟薰肉
3 钟山县两安乡沙坪
平地瑶打油茶

　　5. 饮食。瑶族主食有大米、玉米、红薯等，副食主要是自种豆类、瓜类、叶类和采摘的野菜等菜蔬，自养的家禽家畜以及捕猎的鸟兽等肉食。瑶家酒一般自酿，多以粮食为原料，也有用杂粮果类的，瑶族还喜欢用酒与草药一起浸泡制成药酒。瑶族地区普遍有打油茶的习俗，可以消除疲劳，强身健体。

　　6. 乐器。瑶族的民间乐器很多，包括鼓、笙、笛、锣、唢呐、牛角、海螺等，其中以芦笙、长鼓较盛行。

　　芦笙。芦笙由笙斗、笙管、簧片和共鸣筒组成，短的 20 厘米，长的可达 2 至 3 米。芦笙的管数和音列各有不同，常见的有六管六音、六管五音、六管四音、四管三音、四管二音等数种，并有高、中、低音之分。

富川县瑶族男子在砍牛祭祖时表演吹芦笙

长鼓。长鼓有大小两种，传统的以梓木制成，现在改以泡桐木为原料。内中挖空，两头都呈喇叭状，传统的鼓面为山羊皮，现在大多改用牛皮蒙鼓。鼓身有的画有飞龙、飞凤等古朴图案，并系上五色彩带，挥舞起来别有一番神采。大长鼓又分公鼓和母鼓两种，舞时有固定的曲调和歌词与之相配，有统一的击鼓节奏。

7.**绘画**。瑶族的绘画艺术分宗教画和装饰画。

宗教画内容丰富多彩。盘瑶地区的绘画不仅描绘有瑶族始祖盘瓠形象，也生动地刻画了巫、道两大宗教的主要神灵形象，反映了汉瑶文化之间相互渗透与影响的关系，体现了瑶族人民神灵崇拜的多元性与

长鼓

复杂性，并生动地再现了瑶族子民的生活场景。神像画在瑶族地区发挥着祭祀和教育功能，代表作是《神司画》和《梅山图》。现存最早的《梅山图》始作于明代万历年间，画面塑造了700多个人物画像，生动地描绘了瑶族先民在梅山的祭典、歌舞、农耕、打猎等各种生产、生活和民俗活动。

装饰画多为建筑彩绘和娱神器具上的绘图。瑶人将山水、花鸟、人物、龙凤等图案画在房屋檐下壁头和梁枋柱檩等建筑构件之上，能较好地反映特定时期、特定人群的生活状态和审美标准。

8. 工艺美术品。 瑶族民间工艺美术品主要包括瑶锦、刺绣、编织、雕刻、银饰等，深受人们喜爱。

刺绣：用瑶族工艺在丝织品上绣花的传统工艺品。主要流行于平地瑶地区。绣花用的丝线有红、黄、橙等多种颜色。图案来源于生活，有花草、小鸟、蝴蝶、家禽、家畜等，形象栩栩如生。

神司画像

包帕瑶妇女上衣背面织锦加挑花

瑶锦：以瑶族工艺在家织的棉、麻、蕉、构、葛等种类的布匹上绣花传统工艺品。花纹图案各支系互不相同，千姿百态，各具特色。主要有各种绣花荷包、绣花鞋、绣花被、桌布、背袋、枕巾、小孩肚兜、服装上的绣花装饰等，从平地到高山，所有瑶区均有流行。

编织：竹藤织品，主要有竹筐、竹篓、竹箩、竹帽、藤箱、藤夹等。布织品，主要有头帕、锦带等，其中锦带最有特色。锦带长短、宽窄不一。长锦带用于捆被盖、绑物件、背小孩，中等的用于腰带、

1 八步区黄洞瑶族孩子学习瑶绣手艺
2 挑花烟袋　　3 瑶锦带
4 富川县平地瑶民居的窗花与门饰

帽带等，短的用作绑腿带。

雕刻：瑶族的雕刻有石雕、骨雕、木雕、玉雕等。其中最具艺术特色的是木雕，常见的木雕有丹楹刻角、雕龙盘柱、龙座凤架等。

银饰：包括头簪、头钗、耳环、项圈、链带、手镯、戒指等，大都用银子打制而成，玲珑剔透，款式多种多样，行走时叮当有声。瑶族银饰到今天仍有较好的实用价值和佩带装饰作用。

昭平县富罗瑶族妇女佩戴的银饰

9. 工具。20世纪30年代前，除熟瑶较多使用铁质农具外，生瑶主要使用木质农具，如用砍尖削利的坚木、竹子等充当锄、锹等垦荒种植。后来逐渐引进铁制生产农具，从50年代开始，已与汉族地区基本相同，主要有钩刀、锄头、斧头、刮子、镰刀、铲子、犁、耙等。粮食加工工具主要有：臼、石磨、水碾、泥磨、水碓、冲碓、酒甑、簸箕等。过山瑶民居住在深山区中，常用木材加工成其他生活用具，

木舂

如木瓢、木桶、水槽、木盆、木戽斗等。

10. 医药。瑶族居住的山区，是天然药物的出产场地。瑶药以植物为主，其次是动物。瑶山药材非常丰富，其中还有一些特殊药材，如灵香草、罗汉果、千金草、天花粉、桂皮、勾藤等。瑶族民间传统医药有

2000多年的历史，尤其擅长治疗跌打损伤、风湿骨痛。治疗方法以敷、洗、熏、灸等见长。具有瑶族特色的药浴能舒筋活络、驱风除寒、健体强身。

（二）非物质文化

瑶族人民创造的隐性非物质文化十分丰富，包括宗教、神话、传说、名人、歌谣、音乐、舞蹈、雕刻、刺绣、印染等各种艺术、技艺及习俗、节庆等。这些遗产承载着民族精神和情感，维系着民族的团结与和谐，是瑶族人民智慧的结晶，也是传承民族文化的宝贵财富。

1. 宗教。瑶族崇拜各种自然神、图腾神和祖先神，宗教信仰复杂。巫教、道教和原始宗教因地而异。瑶族认为自然界中的万物都有神灵，祭祀山神、风神、寨神、家神等，祈求人丁兴旺、五谷丰登、平安富足。盘瑶尊崇盘瓠是自己的始祖，对他进行祭祀与供奉。盘瑶先民每逢迁徙，必携祖先偶像，每到一处，必先立盘王庙，举办盘王节、还盘王愿等活动进行祭祀。祭祀分大祭和小祭。大祭每隔三四年或数十年举办一次，以宗族或连村的方式进行，唱盘王歌，击长鼓，以歌颂祖宗的丰功伟绩，欢庆当年的五谷丰收。仪式隆重。小祭以户为单位进行，每年或每两年进行一次，主要活动是本户男女老少一起拜祭盘王供像，祈求全家人平安，来年粮食丰收。

2. 神话传说。盘瑶在远古时代就有了民族起源的传说，先秦古籍《山海经》对盘瓠神话已有记录。反映瑶民族远古社会生活的优美传说、故事和寓言如《盘古开天地》、《伏羲子妹造人民》等，展示了瑶族人民的思想、

瑶族还盘王愿仪式

道德观念和社会生活，具有较高的艺术价值。

盘瓠神话：古代有个叫平王的皇帝，养有一只龙犬。外敌高王入侵，平王被俘。龙犬驰入敌营，咬死高王，救下平王。后来龙犬变人作王，名叫盘瓠。盘王获平王将公主赐婚，育六男六女，共十二姓，于是就有了盘瓠子孙瑶族。

千家峒传说：元朝大德年间，天大旱，千家峒之外的地方庄稼颗粒无收，县官派人到千家峒催瑶民交粮，千家峒瑶民对催粮官轮流盛情款待。催粮官一住数月，乐不思归。县官误以为他已被瑶民谋害，上书朝廷。官兵杀进千家峒，12姓瑶民只得逃离，到外地重建家园。为了分迁后人们仍能寻根认亲，临行前，族老拿出供奉盘王的金香炉打烂成12块，随身发号的牛角也锯成12节，分发给12姓瑶人作信物，并喝血酒盟誓，相约有朝一日再回千家峒相聚。

3. 度戒。是法师引度盘瑶男子归依盘王的一种宗教仪式，程序纷繁复杂。其间必演的上刀山、过火海、跳云台、睡钉床等程序环节十分惊

1 昭平县富罗瑶族男子在度戒仪式上过火塘　　2 昭平县富罗瑶族度戒上刀山仪式

险，让人惊心动魄。所谓云台就是正方形的高台，以四条长木为柱，高一丈二尺或一丈八尺，各柱相距一尺五寸，上铺木板，在一边扎横木为梯，以便攀登。接受度戒的人，登上云台，勇敢地从台上侧翻跳下，谓之跳云台。只有经过度戒的男子才会获得瑶族社会的认可。昭平富罗至平桂大平一带的包帕瑶，其度戒仪保留得十分完整，是研究瑶族宗教文化重要的活史料。

4. 婚恋。传统上，瑶族一般不与他族通婚。青年男女一般通过坐歌堂、踏瑶、踩堂齐、人情节、瘆鱼求恋等节日、歌圩和活动建立恋爱关系，征得父母同意后就可结婚。瑶族地区盛行招婿上门，女儿可以继承财产，男尊女卑的思想比较淡薄。

1 平桂管理区沙田土瑶新郎新娘　　2 八步区东山瑶男女对情歌

瑶族祭盘王活动场景

富川瑶族自治县古城镇塘贝村举办瑶族长桌宴

5. 节庆。盘瑶节日活动较多，几乎每月都有，其中最具特色的是盘王节、尝新节、赶鸟节等。

盘王节：瑶族人民祭祀祖先的节日，每年农历十月十六日举行，又叫跳盘王、还盘王愿、祭盘王等。相传远古时代，瑶人乘船飘洋过海，遭遇了大风浪，人们在大浪中航行了三百六十天仍未能靠岸，形势十分危险，于是人们纷纷对着上天向盘王许下心愿，乞求盘王保佑瑶族子孙平安。船终于在农历十月十六日平安靠岸了，这天恰好是盘王的生辰，

2009年贺州盘王节表演场景

贺州市瑶族文化资源产业化开发研究

2009 年贺州盘王节表演场景

从此，人们把这天定为盘王节。瑶族过盘王节，唱盘王歌、跳长鼓舞，人口多的大瑶寨还要举行大规模的斗牛赛。到了晚上，男女青年自动集合在一个坪场，围着篝火，纵情歌唱，盘王节被评为国家级非物质文化遗产。

尝新节：每年农历六月，早稻即将成熟时候举行。主要活动是吃新米。相传谷种是犬用尾巴粘来送给瑶族人们的礼物，节日这天，所煮新米要先给犬吃，以表敬意。

赶鸟节：是富川等地盘瑶的传统节日，每年二月初一举行，又名敬鸟节、招鸟节。这天，家家户户把连夜舂出的糯米粑插在竹枝上，或挂到树上喂鸟。说是鸟雀啄了粑粑就会把嘴粘住，再不会糟蹋五谷了。此外，还要烧香祈祷风调雨顺，五谷丰登。

6. 歌舞。歌舞在瑶族文化艺术中占有十分重要的地位，节庆、祭祀、待客，人们都要载歌载舞。歌谣尤其丰富，有讲述天地万物起源的创世歌；记述民族历史的古歌；表现劳动生活的狩猎歌和农事季节歌；表达

富川县瑶族芦笙长鼓舞

爱慕的情歌；祭祀用的
乐神歌；赞颂反抗斗争
的革命斗争歌等。

盘王歌：盘瑶祭祀
盘王时唱的歌，又称盘
王大歌、盘古书、还愿
歌等。歌词长达 3000 多
行，歌名多至数十种，

钟山县瑶族羊角长鼓舞

为瑶族人民的艺术珍品。盘王歌最早出现在晋代，后来吸取了汉族的故
事传说，内容更加丰富，包括万物起源、伏羲兄妹、瑶族形成、生产劳
动、苦难生活、爱情故事、瑶山风光等，是一部反映瑶族历史文化生活
的叙事史诗。

蝴蝶歌：留行于富川县的平地瑶地区。歌词结构多为七言，联结四
句成为一首。歌词的内容多为抒情表意，或表达歌者对爱情、幸福的执
著与向往，有极强的艺术感染力。蝴蝶歌有长短之分，长歌也称母歌，

一般不用于表演，主要用于练习，但在重要集会和活动中也偶有演唱；短歌主要用于演唱，比较流行。蝴蝶歌曾作为中央人民广播电台的音乐曲播放，并被评国家级瑶族非物质文化遗产。

富川瑶族自治县姑娘在演唱瑶族蝴蝶歌

信歌：因以歌代信而得名，与瑶族的迁徙生活密切相关，主要内容有民族迁徙、寻找亲族、危难求援、传递爱情、诉说苦情等。

长鼓舞：是贺州盘瑶最具民族特色的一种民间舞蹈。凡逢新年、盘王节、耍歌堂等传统节日，以及建房、祭祀、结婚、庆贺丰收等活动，人们都要表演长鼓舞。长鼓舞源于瑶族人民祭祀始祖盘王的活动。相传瑶族始祖盘王上山打猎时，追赶羚羊跌落山崖，被梓木叉死。子孙们悲痛欲绝，将梓木砍下挖成长鼓身，剥下羚羊皮蒙成鼓面，这就制成了长鼓。然后，人们奋力击打长鼓，以报复山羊、梓木，告慰盘王。通过长期发展，长鼓舞已形成一系列固定套路，共有36套，72层。人们通过长鼓舞把山居生活中接触到的有趣事物广泛地进行艺术再现，集歌、乐、舞于一体，是瑶族人民生产、生活在艺术上的真实写照，是瑶族人民生活的叙事诗，瑶族长鼓舞被评为中国非物质文化遗产。

7.名人资源。在瑶族文化发展的不同时期，涌现了一批促进瑶族经济社会发展、推进瑶族文化繁荣的历史名人，成为今天贺州打造瑶族文化品牌的宝贵资源。如民族起义领袖宋朝秦孟四、唐富八和元代的

费孝通（中）1988年访问贺州瑶族地区

唐二，明朝皇太后李唐妹，明朝瑶族进士何廷枢，清朝秀才赵坤元，民国名将富川人黄燧。当代国际应用人类学会最高荣誉奖获得者、中国社会学和人类学的主要奠基人之一费孝通，曾于 1988 年到访贺县，了解贺州的瑶族社会经济发展状况，他对贺州瑶族曾给予高度的关注。

上述以贺州世居瑶族地区为核心的、广义的、全域性的丰厚的瑶文化资源，为贺州瑶族文化产业发展奠定了良好的基础。

二、贺州瑶族文化资源特征

（一）诸多文化元素在内的文化兼容体

历史上，贺州是瑶、壮、汉等多民族融合的重要通道，是南粤、楚和中原文化交汇的走廊，贺州瑶族文化在民族融合力量的推动下，不断与汉、壮等民族的文化交融，形成了一种具有地域特色、优秀品质、充满活力的文化。由于贺州处于湘、粤、桂三省区交汇的特殊地理位置，和萌渚岭、越城岭等山岭环境的影响，加之民族迁徙、交流、融合，以及改朝换代的历次战争影响，使贺州瑶文化兼有岭南文化的风韵、中原文化的痕迹、荆楚文化的烙印，呈现多元多层次复合的格局。既有儒、释、道文化因素，还有自然崇拜、图腾崇拜、祖先崇拜等瑶族的原始文化；既有精耕细作的稻作文化，也有刀耕火种的旱作文化和深山大岭的林作文化；既有优美的歌舞，也有绚丽的服饰；既有悠远的史诗，也有神秘的女书，还有神奇的医药；既有古朴的瑶寨建筑，也有别具一格的节庆活动。其民间传说、歌舞形式、宗教崇拜、生产方式、生产工具、生活起居方式、建筑形式等无一不充满地域风情。贺州瑶族文化的兼容性，为瑶族文化资源产业化开发提供了多种途径。

（二）耕山文化与狩猎文化融合的结晶

地域环境决定贺州瑶族传统文化以耕山狩猎文化为本，风情习俗、信仰禁忌、民间文艺、岁时节令等贺州瑶文化无不植根于大山，传统的贺州瑶族商贸文化也是围绕服务耕山、狩猎等活动而展开。在耕山文化与狩猎文化融合与浸润下，贺州瑶族人民创造了亚热带季风气候与山居环境下的养生、医药、饮食等特色文化，这种特色的瑶文化资源为产业化开发提供了巨大的潜力。

（三）生态文明的精神象征和先进表现

瑶族独特的山居文化孕育了瑶族人民爱护自然、珍惜自然、人与自然和谐相处的生态文明。在长期的生态家园建设中，贺州创造了令人瞩目的生态文明成果，森林面积超过 86 万公顷，森林覆盖率 72％以上，绿化程度领先全国和全区的平均水平，被自治区授予广西森林城市称号，荣获国家级森林城市称号。这些都为贺州瑶文化资源产业化开发提供了载体，赋予了美丽贺州丰富的文化精神内涵，生态文明成为贺州瑶族文化的先进表现和精神象征。

贺州瑶族文化的这种资源特征决定了贺州瑶文化产业化开发的下一步方向和特点，为具体布局瑶文化产业项目提供了依据。

HEZHOUYAOZUWENHUAZIYUANCHANYEHUAKAIFASHIJIAN

第三章

贺州瑶族文化资源产业化开发实践

　　长期以来，贺州注重瑶族文化资源产业开发的探索与尝试，并取得了初步成效，为下一步的规模开发积累了经验。

一、贺州瑶族文化资源产业化开发现状

（一）瑶族文化产业开发基础设施不断完善

　　一是交通条件不断改善。洛湛铁路、桂梧高速公路、永贺高速、广贺高速公路建成为贺州瑶族文化产业开发提供了高等级的运输能力。"十一五"启动六项民心工程以来，瑶族山区交通工程项目快速推进，市、县、区的城区至瑶族乡寨大部已完成乡村道路新建、改建和扩建工程。实现了80%瑶族乡寨通公路，100%的瑶族乡寨通摩托车路的交通道路网络建设，这些努力直接改善了瑶区资源的外运条件。

　　二是一批瑶文化基础设施的建成将为瑶族文化产业的开发在产品研发、生产、展示、宣传与推广、高素质人力资源的培育、产业规划等方

1 富川瑶族博物馆展厅一角　　2 贺州市博物馆瑶族展厅一角
3 贺州学院族群文化博物馆一角　4 八步区黄洞乡瑶族博物馆一角

面提供强有力的支撑。代表性的基础设施主要有贺州市博物馆、贺州学院桂东族群博物馆、富川县瑶族博物馆、八步区黄洞乡瑶族博物馆等，这些博物馆中保存了包括生产、生活、宗教、服饰、历史等各个方面瑶族文物 5000 多件组，综合反映了贺州 12 个支系的瑶族历史文化全貌。此外，还新建、扩建了瑶族文化表演场、民族文化广场、民族风情园、综合体育馆等文化基础设施。

　　三是公共服务体系不断完善。富川瑶族自治县大力实施文化信息资源共享、农家书屋等文化工程，已建成全国文化信息共享工程富川支中心；12 个乡镇综合文化站相继投入使用，

富川瑶族自治县柳家乡下湾瑶寨

其中 6 个文化站达到标准化建设水平；建设村级公共文化服务中心 14 个，建成村级图书室 12 个，完成农家书屋建设点 110 个。实施广播电视村村通工程，新建、改造一批广播电视发射台，加快农村有线电视联网，率先在贺州市完成"十一五"广播电视"村村通"，全县广播、电视覆盖率达到 97.8%。

富川瑶族自治县城北镇凤岭村一角

（二）瑶文化遗产保护成效显著

近年来，贺州市采取多种措施，及时有效地抢救和保护了瑶族文化。

一是加强物质文化遗产普查与保护。如富川瑶族自治县已完成全县12个乡镇的野外普查工作，普查登记点145处，其中新发现文物79处，复查文物66处，采集了大量的文物普查数据。经鉴定，富川瑶族自治县的文物保护单位超过66处，其中国家级文物保护单位2处23点，自治区级6处，县级59处；瑶族特色建筑富川马殷庙（含瑶族民居福溪街）、风雨桥已被批准为全国重点文物保护单位，特色建筑古明城、瑞光塔也

1 富川县福溪村马殷庙　2 富川县秀水村状元楼

被列为自治区级重点文物保护。秀水状元村入选国家历史文化名村，福溪瑶寨入选自治区历史文化名村。

二是加强非物质文化遗产普查与传承。目前，贺州共有瑶族盘王节、瑶族长鼓舞、瑶族服饰、蝴蝶歌等国家级瑶族非物质文化遗产 4 项。这 4 项国家级非遗项目均建立了文化传承基地，确定了国家级传承人。自治区级非物质文化遗产有八步瑶族医药、瑶族凿花、贺州瑶族盘王大歌、瑶族溜喉歌等 4 项，共确定了传承人 16 人。市级非物质文化遗产有 16 项，确定传承人 16 人。

物质和非物质文化遗产体现了瑶族文化的历史价值和艺术价值，为瑶文化资源产业化开发提供依据。

钟山县瑶族文化传承人在练习羊角长鼓舞

八步区步头镇黄石村瑶族妇女在挑花

（三）瑶文化旅游产业蓬勃发展

近年来，贺州市以旅游为抓手，围绕瑶族民俗风情、生态、山居、田园等资源，大力推进瑶族文化资源产业化开发，推进文化与经济的深度融合，瑶族文化资源开发的价值空间，得到了初步释放。

1 富川瑶族自治县瑶寨芦笙长鼓舞表演
2 富川瑶族自治县脐橙种植园
3 富川瑶族自治县第三届脐橙节现场

富川瑶族自治县已形成了以秀水状元村、凤溪瑶寨、慈云寺等一批瑶族历史文化景区为主体，神仙湖、白牛村、立新万亩脐橙园等一批瑶寨民俗文化与生态农业文化相结合为补充的旅游格局。秀水状元村被评为国家历史文化名村，福溪瑶寨被评为广西历史文化名村；凤溪瑶寨、神仙湖生态休闲园、立新万亩脐橙园、白牛生态文明村成为广西农业旅游示范点。富川还成功举办了三届"富川脐橙节暨瑶乡文化旅游节"和第七届中国瑶族盘王节，吸引了40多万游客到富川体验瑶文化。织绣、雕刻等瑶族工艺品，脐橙、黄花梨等瑶乡绿色食品，腊肉、荷香米粉肉、油茶等瑶家特色风味食品，深受海内外游客的欢迎。催生了瑶区工艺品业、特色农业、特色农产品加工业的发展壮大。以民俗文化体验为主题的瑶乡休闲观光农家乐，年接待游客达 10 多万人次以上。"十一五"期间，富川县共接待国内外游客 200 多万人次，年均增长 21%，实现旅游收入 13.5 亿元，是"十五"期间的 2.16 倍，年均增长 16.7%。2012 年，秀水村和神仙湖接待游客 11 万多人次，实现旅游收入 5000 多万元，专业从事旅游业人员达 300 多人，旅游业已成为当地支柱产业之一。

1 昭平县仙回瑶族乡马威村"调马"舞
2 昭平县文竹镇七冲村的瑶族姑娘为游客表演"蝴蝶舞蹈"

游客在八步区黄洞月湾瑶寨游览

昭平县将仙回瑶族风情与桂江生态旅游业结合，联动发展。2012年，昭平桂江景区被评为国家 2A 级旅游景区及广西三星级乡村旅游区。

八步区黄洞瑶族乡的月湾旅游休闲度假区，通过登山观光、采茶品茶、畅享瑶乡美食、观赏瑶族歌舞等瑶族文化的旅游项目，吸引了全国各地的游客。

瑶族文化资源产业化开发的经济价值不断显现，正逐步成为贺州经济发展的新增长点。

（四）瑶族文化创新取得一定成果

近年来，贺州组织力量对瑶族文艺作品进行艺术创新，取得了一批成果，让瑶文化在贺州得到了更好的传承、创新和发展。富川县创作的小品《橙愿》获 2004 年广西八桂群星奖；歌曲《今宵月圆》、《瑶家油茶香》获 2005 年广西八桂群星奖；原生态歌曲《咿呀嘞》、舞蹈《欢腾的瑶寨》、《芦笙长鼓舞》、小彩调《抬轿》获广西二等奖；2006 年，《芦笙长鼓舞》、《蝴蝶歌》被中国第八届盘王节评为最具民族特色奖和银奖；原生态歌曲《蝴蝶歌》女声四重唱，荣获广西青年歌手大赛优秀奖；

2009 年，舞蹈《遥望》参加广西音乐、舞蹈专业大赛贺州赛区荣获三等奖；舞蹈《笙·鼓·韵》参加广西"八桂群星奖"贺州赛区文艺汇演，荣获一等奖。2010 年，《瑶族长鼓舞》《瑶族蝴蝶歌》分别参加澳门万人军操赛和全国青年歌手 CCTV 大赛，都取得了优异的成绩。2012 年，大型舞剧《瑶妃》获得了第八届广西剧展大型剧目展演桂花金奖。

1 舞剧《瑶妃》演出场景
2 舞蹈《欢腾的瑶寨》演出场景
3 舞蹈《笙·鼓·韵》演出场景
4 富川瑶族自治县瑶族文化传承
　人演唱瑶族蝴蝶歌

二、贺州瑶族文化资源产业化开发的问题

尽管贺州瑶族文化资源产业化开发在局部区域有一定的起色，但总体上仍处于零星的自发开发的起步阶段，文化产业资源的潜在价值并未被彻底激活，开发程度较低，制约产业进一步开发的因素分述如下：

（一）文化资源家底不清

总体来说，贺州对瑶文化资源尚缺乏全面、系统、科学的普查和评价，对瑶文化资源的数量、质量、种类、范围、环境、开发价值、市场前景和开发模式等还没有一个科学的统计和分析，难以为瑶文化资源的产业化开发提供准确可靠的依据。

（二）基础设施不完善

瑶文化资源富集且特色较浓的地方，多数基础设施落后，特别是交通还不够便捷，多数地方尚处于未开发或半开发状态。如富川秀水村景点开发，旅游专用道等级低，相关服务配套设施不完善，严重制约了瑶文化产业的发展。

（三）开发思路不明

瑶文化资源开发缺乏全球化视野，局限于就贺州当地资源、市场、经验和投融资平台搞开发。与经济发展的结合有限，就文化搞文化，没有将文化资源作为市场资源配置的主体要素与其它经济发展要素充分结合，与其他产业尤其是旅游产业等深度融合的水平层次低，无法达到以文化软实力促进经济发展的目的。

（四）开发途径不多

目前，主要侧重于对古镇名村等历史文化遗产的保护传承，以及进行一些节庆活动。对民族艺术、民俗、宗教等文化资源开发较少。而且，没有成规模，上档次，品牌效应差。

（五）开发主体不强

参与瑶文化资源开发的企业呈现出规模小、分布散、实力弱的特点，缺乏一批集投融资、文化创意、文化产品生产、经营等于一体的综合实力强、辐射带动广的龙头企业。

（六）政策环境不优

有关部门对加快贺州瑶族文化产业发展、提高文化软实力在推动经济社会发展和区域竞争中的地位和作用认识不足，不同的部门各自为政，对资源的利用缺乏统揽，甚至相互掣肘。尽管国家和自治区已出台了文化产业发展"十二五"规划，但贺州至今仍未制定相应的规划，更没有针对文化产业发展出台相关的扶持政策，导致贺州瑶文化产业发展滞后。

第四章

贺州瑶族文化资源产业化开发前景

HEZHOUYAOZUWENHUAZIYUANCHANYEHUAKAIFAQIANJING

贺州地理位置优越，自然资源、文化资源、旅游资源丰富，生态环境优美，产业基础良好，市场空间广阔。

一、贺州瑶族文化资源产业化开发条件

（一）区位条件

贺州位于西江流域，洛湛铁路、广贺高速公路、桂梧高速公路、贵广高速铁路，永贺高速公路贯穿全境；向东南至香港、澳门400公里，广州市约230公里；经高速公路向北1.5小时可达桂林，向东南2.5小时可达广州，向西南4小时可达南宁；走高铁1小时即可达广州，可实现贺州至香港、贺州至澳门当日往返。贺州不仅是湘粤桂三大文化圈的交汇点，还是中国—东盟自由贸易区、泛北部湾国际经济合作、泛珠江三角合作区和西部大开发四大经济区的战略结合点，有利于吸收、借鉴、整合各区域间的民族优秀文化资源、市场资源、政策资源，打造瑶文化产业，提升贺州文化竞争力。把贺州瑶族文化置于汉文化、楚文化、瓯越文化和岭南文化的交叉点上分析，一方面瑶族文化多元混融，丰富多彩，另一方面区域文明原创开放，古老厚重，超越了区域文化发展容易自我封闭的倾向。这为发展瑶族文化产业提供了不竭的文化资源。在瑶族文化产业化开发的过程中，系统整理瑶族文化，创意开发瑶族文化产业，将使瑶族文化在全球化背景下闪耀出瑰丽的光芒。

（二）资源条件

从公元前111年汉武帝设置临贺县，发展到三国增设临贺郡，隋朝改设贺州，贺州有县级以上行政建置的历史迄今已有2100多年。贺州历史底蕴深厚。东汉开始已有瑶族活动的迹象；隋朝开始，贺州瑶族已有明确史载。贺州的瑶族文化资源丰富多彩，盘王文化、山居文化、耕山文化、狩猎文化、森林文化等资源，都是瑶族人民在长期的历史发展中创造出来的具有鲜明民族特色的文化瑰宝。传说、故事、寓言、童话、笑话、谜语、谚语等,展示了瑶族人民的思想、道德观念和社会生活,具有较高的艺术价值,是开发文艺类产品的特好题材;反映瑶族生活原貌的瑶寨,保持着古朴淳浓民族风情、瑶家古村落等,有利于旅游景点、景区的建设;印染、蜡染、挑花、刺绣、织锦、竹编、雕刻、绘画等工艺美术,形式多样,内涵丰富,是开发工艺类产品的绝好元素。迄今各地瑶族民间散藏着的大量瑶族历史典籍,包括著名的历史文献《过山榜》和数量众多的宗教经书等,将为瑶文化的创新提供哲学性的思想营养。

具有开放性和共享性的瑶族文化资源分布全区、全国各地,贺州还可以利用瑶文化的特性,及毗邻粤桂湘、背靠大西南的区域优势,引入全国各地知名瑶族文化品牌资源,把瑶族文化品牌资源整合起来,盘活存量,为贺州瑶文化资源产业发展创立广阔的创意空间。

(三)载体条件

开发区域的山脉、河流、森林、植被、阳光、空气、建筑等自然和文化资源,是民族文化资源开发不可或缺的载体和重要的产业资源。贺

贺州市姑婆山风光

1 玉石林　　2 昭平县黄姚古镇

州丰富而优质的区域自然资源和文化资源为贺州瑶文化产业化开发提供了载体条件。

　　贺州年均气温20℃左右，空气湿润，气候温和，阳光充足，雨量充沛。大小水库超过200多座，贺江、桂江通达珠三角。

　　贺州物种多样性丰富。现有国家一、二级重点保护植物20多种，国家一级保护动物 7 种。有 5 个堪称天然动物园和天然植物园的自然保护区，有姑婆山、大桂山两个国家森林公园。

贺州森林资源丰富，有林面积 86 万公顷，森林覆盖率达 72％以上，是典型的森林之城、田园都市，被授予广西森林城市称号，其中，昭平县黄姚镇被评为广西森林乡镇称号，富川县朝东镇秀水村、平桂管理区望高镇新联村委石牛塘村获得广西森林村庄称号。

贺州的历史建筑颇具特色，有国家级、自治区级重点文物保护单位 10 多处。其中黄姚古镇集自然风光、人文历史、古建筑群于一体，素有梦境家园之称。被评为中国最具有旅游价值的古城镇、中国最值得外国人去的 50 个金奖景区之一，被评为中国历史文化名镇。富川秀水状元村被誉为宋、明、清民居博物馆。临贺故城有 2000 多年历史，被列为国家级重点文物保护单位。

昭平县桂江风光

（四）市场条件

贺州位于港澳－广州－桂林旅游黄金线中间，形成了姑婆山国家森林公园、贺州玉石林、贺州温泉、黄姚古镇等一批国家 4A 级旅游景区，紫云仙境等国家 3A 级旅游景区，荷塘十里画廊、碧水岩、临贺故城、大桂山国家森林公园等风景名胜区，不仅吸引了众多的国内外游客，还成为电影、电视剧等影视片的外景拍摄地。以生态观光、森林度假、温

贺州大桂山景区

钟山十里画廊

贺州紫云景区

泉疗养、民族风情体验为主的特色旅游不断做强做大，贺州已成为广西入境旅游人数增长最快的城市之一，是全国新兴的优秀旅游城市，是粤港澳养生休闲的后花园，成为人们体验历

贺州温泉

史文化、民族风情、休闲度假、旅游观光的理想胜地。得天独厚的旅游环境，客观上为贺州瑶文化资源产业化开发，推销瑶文化产品，营造了流动的大市场。

电视剧《美丽的南方》在黄姚古镇拍摄

电影《冰雪同行》在贺州姑婆山景区拍摄

<c="">48</>

贺州灵峰广场的麒麟尊雕塑

（五）产业条件

　　贺州不仅是粤港澳地区的后花园，还是它们的大菜园，瘦肉型猪、名优水果、无公害蔬菜、茶叶等名特优产品驰名粤港澳，已成为珠三角重要的菜篮子生产供应基地。贺州是云南、贵州、四川、重庆等西部

华润火电厂

省份通往粤港澳最快速的通道，是全国铁路网的区域性枢纽，已成为桂粤湘三省交汇处的区域交通枢纽和商贸旅游城市，商贸、物流、旅游等发展迅猛，每年入境游客在广西仅次于桂林，获得了全国优秀旅游城市称号。贺州是承接东部产业转移的主要节点，依托丰富的水能资源，成为了西电东送的通道和重要基地；依托丰富的森林资源，建立了世界最大的脂松香生产基地；依托丰富的矿产资源，建成了一批

速生丰产林

八步区柳扬电站

有色金属加工企业；依托丰富的农业资源，建成了具有地方特色的食品工业基地；以桂东电子科技有限公司为龙头，建成了广西新兴的电子工业基地。特色产业体系的形成，为推进贺州瑶文化资源开发提供了丰富的产业基础和多渠道的开发路径。

二、贺州瑶族文化资源产业化开发的机遇

随着经济社会持续快速发展，人民生活水平不断提高，我国进入了文化消费的快速增长时期。文化产业已成为部分地区经济发展的领跑者和新增长点，在国民经济发展中的地位与日俱增，中央和地方对文化产业发展扶持力度不断增加，这为贺州加快瑶族文化资源产业化开发，提供了良好的发展环境和先机。

（一）推进瑶族文化产业发展的制度条件形成

国家制定出台的一系列政策文件，为文化产业发展提供了强有力的政策支持和方向指引。党的十六大以来，国家始终把完善文化产业政策作为重点工作来抓，相继制定出台了一系列促进文化产业发展的政策文件。2006年9月，我国第一个关于文化建设的中长期规划《国家"十一五"时期文化发展规划纲要》颁布，确立了我国文化产业发展的中长期指导思想、方针原则和目标任务。2009年8月，国务院正式发布了《文化产业振兴规划》，将发展文化产业上升为国家抵御经济危机、扩大内需的战略高度。2012年2月，《国家"十二五"时期文化改革发展规划纲要》发布，围绕建设社会主义文化强国的宏伟目标，明确了"十二五"时期我国文化改革发展的指导思想、方针原则、具体目标任务和重大举措，对文化改革发展作出了全面部署。党的十八大报告明确指出，加快发展文化产业是加快经济发展方式转变的重点工作之一，是五位一体战略的重要组成部分。全国文化体制改革不断深化，新的文化发展理念正在形成，为推动文化大发展、大繁荣提供了重要的理论指导，为文化产业发展提供了新动力。

（二）推进瑶族文化产业发展的产业条件形成

从国家宏观调控层面看，全球已进入高度工业化的时代，现有的以大规模制造业为主的生产形态逐渐失去优势，必须改变单纯依靠制造业、加工业和服务业发展的格局，增强以知识为基础的经济竞争力，把文化产业发展作为经济增长的火车头。转变经济发展方式，解决经济增长与资源、环境之间的矛盾，大力发展文化等新兴产业，已成为各地经济工作的重心和各级党委政府的自觉行动。各地均将文化产业发展纳入当地的"十二五"发展规划，全国文化产业呈现出一片欣欣向荣的景象，这为挖掘瑶族文化资源价值，发展瑶族文化产业，发挥文化在促进经济结构调整、推动产业升级中的作用提供了良好环境；从生产技术水平层面看，以通信技术、网络技术和数字技术为基本特征的信息技术革命，为应用高新技术创新瑶族文化生产方式，培育新兴瑶族文化业态，加快构建传输快捷、覆盖广泛的瑶族文化传播体系，促进瑶族文化与科技、产业结合，增加瑶区产品的文化附加值，提升产品品质，增强瑶族文化产业发展竞争力，提供了强有力的技术支撑。从居民文化消费需求层面看，2012 年，我国人均 GDP 近 6000 美元。根据国际经验，人均 GDP 越过3000 美元后，居民向物质消费需求和精神消费需求并重阶段迈进。文化消费需求快速增长，为瑶族文化资源产业化开发提供了广阔的市场，为贺州瑶族文化走向东盟和世界奠定了坚实基础。

总之，经济发展方式转变为瑶族文化产业发展带来了契机；消费结构升级和消费方式转变为瑶族文化产业发展带来了动力；信息技术革命为瑶族文化产业发展提供了技术支撑，瑶族文化产业发展所需的产业条件已经具备。

（三）全国少数民族文化产业发展加快

我国少数民族地区有着丰富独特的民族文化资源，这些资源独具特色，分布相对集中，从而具有了独特的经济价值。近年来，随着文化体制改革进程的深入和市场化进程的加快，少数民族地区日益认识到自身文化的强大经济价值，开始致力于民族文化与经济建设的结合，推进民族文化建设，大力发展少数民族文化产业。民族文化产业正在成为少数民族地区的重要产业，在当地国民经济发展中扮演着越来越重要的角色。

（四）全区文化产业发展环境不断优化

当前，广西文化产业进入了快速发展时期，广西壮族自治区党委、政府以深化文化体制改革为突破口，作出建设文化强区和把广西建设成中国文化走向东盟的主力省区的重要战略决策，出台了《关于深化文化体制改革、建设文化大省若干配套政策》等一系列扶持文化产业发展的文件，并提出到 2015 年文化产业增加值，要占地区生产总值比重 5%

以上的奋斗目标。同时，近期自治区党委、政府出台的《关于加快旅游业跨越发展的决定》，也为促进民族特色文化与旅游发展深度融合，加快推进广西壮族自治区旅游文化产业跨越发展提供了政策和制度保障。

（五）贺州市高度重视文化建设

贺州市委、市政府提出创建文化先进城，不断加大对文化产业发展的投入力度，文化产业发展基础设施有了明显改善，这为瑶族文化资源产业化开发营造了良好的环境。

三、贺州瑶族文化资源产业化开发的挑战

（一）开发能力薄弱

2012 年贺州市 GDP 为 400 亿元左右，在 14 个设区市中排名后位，人均 GDP 约 2 万元，经济总量小，人均水平低；城镇化率为 39%，工业化、城镇化水平不高，带动能力不强；基础设施不完善，基本公共服务保障能力不足；城乡居民收入水平不高，城乡发展差距明显。薄弱的经济社会基础，一定程度上制约了贺州瑶文化产业的加快发展，导致贺州文化产业规模偏小。

（二）文化产业人才匮乏

瑶文化经营管理和创意等高端文化专业人才缺乏，加上没有形成培养、吸引人才的有效机制，文化人才储备不足，严重制约了瑶文化产业的发展。

（三）投融资机制不健全

文化产业与生产制造型企业的重要区别就是，生产制造型企业有形资产多，无形资产少；文化企业自主品牌意识不强，开发创新能力比较弱。这就导致文化企业在融资时面临抵押品的品牌效应不足，使企业融资难度加大。2009 至 2012 年 3 年内年均全市投入不足 5000 万元。投

资渠道狭窄，主要来自 3 个方向，一是国家用于城乡风貌和古镇名村保护的资金，这部分资金约占 40%。二是国有规模企业在贺州设立印刷企业点，这部分资金约占 20%。三是国家用于历史文化遗产保护与传承的资金，这部分约占 10%。四是社会融资，这部分资金约占 30%。文化产业投融资机制不健全造成资金短缺，已成为制约贺州瑶文化资源产业化开发的一大瓶颈。

（四）面临周边瑶族区域的竞争压力

从区内看，近年来，广西区内金秀、巴马等瑶族自治县，将瑶文化资源与旅游结合作为瑶文化产业发展的突破口，瑶文化开发形成了一定特色，走在了全区前列。金秀瑶族自治县凭借得天独厚的地理环境和资源优势，通过提升独具特色的大瑶山生态民俗文化旅游产品，整合瑶都文化资源，打造瑶医药品牌，逐渐走出了一条独具瑶族文化特色的旅游发展新路，涵盖观光游、民俗、养生等主题的金秀旅游产业链正在日趋完善。金秀、巴马等地瑶文化资源开发规划早、起步早，给贺州等后开发地区带来了一定的压力，容易造成产品和服务的同质化，加剧本地区之间的竞争。从区外看，湖南、广东等瑶族地区 10 年前就已着手发展瑶文化产业，并已形成了一定规模，这给贺州瑶族文化资源产业化开发带来了挑战。贺州只有对瑶族文化资源进行创新开发、差异开发，产品才会具有市场竞争力。

第五章

文化资源产业化开发国内外经验借鉴

WENHUAZIYUANCHANYEHUAKAIFAGUONEIWAIJINGYANJIEJIAN

由于资源形态、技术手段各有侧重，发展中国家与发达国家所指的文化产业内容不尽相同。必须从两者发展阶段、发展层次的差异中，把握国内外文化资源开发的经验精髓，创造性地借鉴吸收能为我所用的做法。

一、国内文化资源产业化开发实践

我国一些省、市、县依托当地优势产业，通过文化创意开发，在将文化资源转化为经济资源，实现价值转换的产业化过程中，创造出了许多成功典型，积累了许多有益经验，为贺州瑶文化资源产业化开发提供了有益借鉴。

（一）湖南江华经验

湖南江华瑶族自治县，从 2001 年就开始谋划瑶文化开发，经过近 10 年发展，从当初挖掘保护，到现在发展创新瑶文化，取得了相当成就。主要做法：

一是规划先行。制定瑶文化产业发展规划，把发展提高瑶文化纳入各职能部门工作。

二是开发与保护并重。成立瑶文化研究学会，建瑶文化博物馆、瑶族艺术培训中心，继承优秀的瑶文化，如歌、舞、服饰等，抢救、挖掘、弘扬、发展瑶文化。

三是推进瑶文化与旅游结合。建设瑶族文化村，发展旅游业，展示瑶文化特色。吃、住、玩、看都要体现瑶族风格。倡导着瑶服、讲瑶话、司瑶仪、行瑶礼、唱瑶歌、跳瑶舞，突出瑶族特色，把瑶文化充分展示给世人，全面拉动经济社会发展。

四是推动瑶文化与经济相互发展。敞开山门，举办瑶文化研讨会、招商引资会、民族商品博览会、盘王节庆典等一系列大型节庆、商贸、学术交流活动，使特色文化与民族经济相互促进、社会效益与经济效益相互拉动。加大对外宣传力度，展示瑶文化的独特魅力。印制包括瑶族的斑斓服饰、美味食品、古朴建筑、生产生活方式以及瑶山的风景名胜、特色经济等内容的系列明信片，录制系列瑶语瑶歌磁带，摄制包括瑶山风光、民俗风情、瑶歌瑶舞等内容的系列光碟，出版系列书刊、画册，生产银铜饰品、竹木制品、织锦用品等系列工艺品。使人们在消费体验瑶产品中直观快捷地接受瑶文化，促进特色文化产业成为当地经济增长点。

五是包容性开发。如瑶族服饰开发，涵盖所有支系的所有款式，在继承瑶族传统服饰精髓的基础上，结合现代流行趋势加以改进，使之融民族化、时装化、生活化于一体，走出一条现代民族服饰的新路子。拓宽开发领域，使产品多样化、系列化，瑶族织锦壁挂、瑶族保健绣花鞋、八宝被、瑶族风情手提包、背包、座垫以及瑶族长鼓、背篓、花篮等工艺产品的市场空间不断拓展。

六是打造瑶文化旅游品牌。将瑶族传统节日盘王节作为每年一届的中国瑶族文化旅游节来经营，以瑶族风情旅游为主题，瑶文化展示为主线，经济活动为基调，组织瑶山风情游、瑶文化研讨会、民族商品博览会、经贸洽谈会等系列活动，以此全面展示当地秀丽的自然风光、醇厚的人文风貌、独特的瑶族风情以及青山、碧水、靓城的生态环境，打响瑶文化品牌。在瑶文化的大旗下，整体推出当地山水、人文、民俗旅游项目。通过旅游节等系列活动，推广神州第一瑶城、南岭义明瑶区、潇水源头百里风光带等当地瑶文化品牌。

七是建设中国瑶族社会文化长廊。利用中国瑶族第一盘王殿、江华中国瑶族第　县、瑶族迁徙途中的大本营、重要中转站等明显的人本营遗存标志和历史文化资源集中等优势，建设中国瑶族社会文化长廊，立体全景式展示当地瑶族悠久的历史渊源与宝贵的文化遗产，从瑶族的起源、宗教信仰、原居地、历史事件、迁徙中转地、瑶族社会的政治组织、经济沿革到生活习俗、奏铛、坐歌堂、长鼓舞、盘王节等都有展示。通过瑶族社会文化长廊建设，江华逐渐成为瑶族历史变迁与社会生活展示中心、瑶文化研究中心、瑶文化旅游中心和海内外瑶族联谊城，拓展出瑶族旅游度假村和周边地区瑶族文化景观旅游线，到江华一游即可一览而知中国瑶族。

（二）广东连南经验

广东连南瑶族自治县在瑶族文化资源产业化开发方面走在了全国瑶族地区的前面，其主要做法：

一是确定瑶文化开发建设的目标。即建设绿色产业强县战略、建设民俗文化圣地战略、打造休闲品质之城战略。

二是做好品牌定位。如千年瑶寨、踩歌堂、排瑶文化等。

三是规划文化创意产业。依托本地区人文、自然、产业等资源，对文化创意产业的发展战略、区域竞争比较优势、综合效益和可持续发展等做出规划。

四是选择发展瑶族文化衍生品市场的开发模式。以打造休闲品质之城战略项目为龙头，总揽瑶文化衍生品市场的开发，发挥政府在法律、金融、税收、环境等方面对文化市场资源配置的作用，政府搭台，企业承办，市场化运作。建立品牌资源数据库、民族文化产业基地，把品牌集中包装，从新定位，开展营销。实行买全国卖全国的经营策略，实现产品的国际化，打造国际连南瑶族文化的旅游品牌总部基地。在连南城区设立有瑶族文化产品专业市场。政府对瑶族群众穿瑶服以补助，推动瑶族文化传承与瑶族文化产业对接。

五是利用文化节、大众媒体、连南柠檬产品销售、广东商品交易会、广东文化产业博览会等渠道营销。实现连南瑶族文化价值转换，投融资上项目，扩大品牌的影响力，攀顶国际瑶族文化之都。

（三）云南经验

云南是一个多民族省份，正在向民族文化强省目标迈进，民族文化资源产业化开发成效显著。近年来文化产值以近 20% 的增速发展，增幅远远高于同期经济增幅。2010 年全省文化产业增加值突破 420 亿元，占 GDP 的比重达到 6%。成为全国 6 个文化产业增加值占 GDP 比重超过 5% 的省份之一，居全国第 5 位，被称为我国文化产业发展的云南现象。主要做法：

一是迅速做大做强骨干文化企业。通过深化文化体制改革，组建了云南文化产业投资控股集团等四大国有文化企业，云南云视传媒集团、云南演艺集团、云南文博产业集团等一批独立经营的文化市场主体，发展活力获得极大释放。在做大做强国有文化企业的同时，民营文化企业迅速发展壮大，云南映象文化产业发展有限公司、丽江丽水金沙演艺有限公司等民营骨干文化企业，被评为国家文化产业示范基地，成为全省文化产业发展的重要力量。由省政府出资组建成立的省属大型国有独资文化企业集团——云南文化产业投资控股集团，着力打造文化产业发展航母，担当起文化体制改革载体、文化投融资平台、重大文化项目实施者、文化走出去桥梁和纽带等四大角色，主要发展演艺娱乐、影视动漫、文化会展、文化传媒、文化创意、文化艺术品经营、文化地产等方面产业。通过政府引导、企业运作的方式，充分发掘并整合云南文化资源，盘活存量资产、扩大增量、创新体制机制、创新文化产品和运营方式，实现文化产业化、产品市场化、资源资本化，快速培育了云南文化产业品牌。

二是不断推出特色演艺品牌。继《云南映象》、《丽水金沙》之后，《印象丽江》、《丽江情缘》、《云南的响声》、《梦幻腾冲》等，一批演艺精品先后走向市场，成为云南文化产业的名片。云南文投集团融合云南少数民族文化元素打造的新型杂技节目《雨林童话》，成功打进法国商演市场，拿到了加拿大、美国、新加坡等国订单，获得了极高的市场评价。

三是不断形成新的影视产业冲击波。成立云南省影视创作指导小组，制定了加快影视产业发展的政策措施，对在央视和地方频道播出、获得国内外各种奖项的影视作品给予重奖，每年吸引众多影视剧组来云南进行创作拍摄，影视产业迅速成长为全省最具资源优势和产业特色的文化业态。云南题材、云南故事、云南摄制在影视界不断形成新的冲击波，云南天然摄影棚的优势和魅力得到充分显现。

四是不断推进文化产业集群发展。一方面，沿茶马古道和古丝绸之路，开发了一批文化名镇名村，形成了一批民族文化旅游产业示范基地；另一方面，大力做大做强特色文化产业，民族民间工艺品企业发展到 7000 多家、珠宝玉石企业发展到 10000 多家，建成一批交易专业市场，打造了一批知名品牌，全省形成了一批特色文化产业集群。

（四）贵州经验

贵州拥有苗族、布依族、侗族等 17 个世居少数民族，民族文化多姿多彩，成为贵州发展文化产业的独特资源。贵州以建设文化旅游发展创新区为抓手，以旅游市场为渠道、以多民族文化为内容，大力促进文化与旅游深度融合，推进民族文化资源开发，形成了一批民族文化旅游中心城市和多彩贵州城、大型民族文化旅游景区，建设了一批民族文化旅游特色乡镇村寨，成为国际一流的休闲旅游度假胜地、文化交流平台，推动了贵州多民族文化大繁荣，文化产业大发展。

主要做法，概括起来，就是规划引导，项目推进。以十大工程为重点，把全省 9 个市州、88 个县区能够实施的旅游项目，全部纳入规划，在投资、审批、用地等政策方面，给予重点支持。

一是将民族文化资源开发与自然资源应用结合。以世界遗产、风景名胜区、自然保护区、特色生态景观为载体，支撑民族文化旅游业发展。围绕全省七大旅游基地建设，深入挖掘民族文化资源，规划设计一批在国内外旅游市场极具影响力的文化旅游产品、文化旅游项目。其中，"走遍大地神州·醉美多彩贵州"，成为贵州集民族歌舞、工艺美术等文化旅游产品之大成的民族文化盛宴精品。

二是将民族文化资源开发与旅游交通发展结合。贵州加快推进以公路、铁路、航空、内河航运为骨架的旅游交通网络体系建设，着力搞好与境内外重要旅游客源地的运输对接，大力提高旅游交通的通达性和便捷性，为民族文化资源开发走向市场创造良好的交通运输条件。

三是将民族文化资源开发与旅游商品开发结合。依托当地民族文化资源特点，加快完善文化旅游综合配套服务体系，开发一批特色旅游地产项目，打造一批历史文化旅游名镇名村，建设一批区域特色文化旅游产业集群，形成一批民族历史文化专业市场，完善了文化旅游营销体系。

二、国外文化资源产业化开发的实践

发达国家所说的文化产业，主要是指通过创造性的劳动，把知识、信息和意象等文化资源转化为具有交换价值的文化娱乐产品和服务的产业。

（一）美国做法

美国充分利用先进文化生产流水线、成熟文化商业运作模式、多元文化底蕴、丰富文化人力资源、发达数字信息技术等优势，通过文化与科技融合、文化创意，形成了以传媒产业、影视产业为主的文化产业体系，其电影、传媒为代表的文化产业在全球文化市场处于绝对优势地位，美国成为世界上文化产业最发达的国家之一。

（二）英国做法

创意是英国文化产业发展的动力源泉。1993 年英国以"创造性的未来"为题，正式发布跨世纪的国家艺术发展战略。1997 年英国成立了创意工业特别小组，于 1998 年出台了《英国创意工业路径文件》，以指导创意产业发展。英国通过鼓励和扶持文化资源的创意开发，大力发展创意产业，从而创造出了许多世界级的文化创意产品。

（三）日本做法

1995 年日本确立文化立国方略后，政府先后出台《信息技术基本法》、《文化艺术振兴基本法》、《文化产业促进法》等一系列法律文件，建立了完备的促进文化产业发展的法律体系。2003 年 3 月，日本根据《信息技术基本法》成立了"知识财富战略本部"，首相亲自担任部长，明确将音乐、电影等文化产业与技术、IT 产业、名牌产品等并列为国民经济的基础产业。通过对文化资源的市场化挖掘，文化产业成为了日本发展潜力大、增长速度快的重要经济领域，其发达的动漫产业就是证明。目前，日本形成了以动画片为主打题材的文化产品链，动漫产业在国际动漫市场居于领先地位。日本运用数字技术，大幅降低动画片制作的成本，进一步延长动画产业链，创造出了具有市场竞争力的文化产品。在全球动画片中，日本占了 60%。

（四）韩国做法

韩国 1998 年正式宣布将"文化立国"作为国家重要经济发展战略，大力支持和发展文化产业，把文化产业选定为韩国的六大核心技术之一和十大跨时代增长动力产业，并制定了一系列法律法规和规划加以引导和扶持，文化产业已成为韩国的战略性主导产业。

三、国内外文化资源产业化开发实践的启示

文化资源产业化开发是一个综合的、系统的产业整合过程，由于发展阶段不同、历史积淀差异，国内外所指的文化资源开发涵义各有侧重，国内主要偏重于历史的文化资源开发，发达国家偏重于现代的文化资源开发，虽然开发的资源指向不同，但开发手段、产品形式和营销方式有相通之处，值得贺州在瑶文化资源产业化开发中学习借鉴。

（一）政策法规是保障

完善健全的文化政策法律法规体系，是推进文化资源开发的重要保障。文化产业发展较好的发达国家和国内省区，政府均通过制订相关扶持政策、法律法规，为文化产业发展营造良好的发展环境。

（二）多元化投资是关键

投资主体多元化是文化资源产业化开发的重要基础,构建政府引导、企业主体、社会参与的多元化文化产业投融资体系十分重要。

（三）产业融合是手段

坚持文化产业发展与现代工业的产销相结合，与传统产业的改造升级相结合，与其它服务业相结合，在提升其他产业产品附加价值的同时发展壮大自己。着力推进文化与旅游、文化与企业、文化与科技结合；培育以文化为导向的旅游、休闲、娱乐、演艺、节庆、赛事、工艺、会展、影视、出版等新兴业态。

（四）文化旅游是主线

文化与旅游深度融合，把历史遗迹、建筑、民族艺术、民俗、宗教等人文资源作为旅游的主要内容，通过旅游感知、了解、体验其中丰富的文化内涵，使文化得以传承和发展。在文化旅游中，文化是产品的本质内容，是产品的价值所在，旅游是交换产品的市场形式，是实现文化商业价值的工具和手段。文化旅游已成为各地文化资源产业化开发的最主要手段。

（五）文化旅游综合体是载体

通过旅游服务产业与文化、教育、会议会展、养生养老、医疗、体育、农业、房地产等产业的全面融合，形成泛旅游产业聚集体，即文化旅游综合体，如文化产业园区、文化城、文化旅游区、文化休闲区、文化度假区、主题公园、休闲农业园区等，已成为各地文化资源开发的主要载体，文化旅游地产成为支撑区域文化综合开发的主要投资来源。上述各类综合体都是在土地开发红利与房产红利的支撑下形成的。在综合开发模式中，政府的规划、土地政策、财政税收政策、基础设施与公共服务设施配套，有着战略和基础的作用。区域运营商通过参与一级土地开发、市政项目 BOT 等建设，经营产业发展项目等获利，反哺文化资源开发项目。

（六）文化创意是核心

以创意为核心，文化与科技融合为手段，利用网络技术、通信技术和数字技术，创新文化艺术表现内容和表现形式，整合图像、文字、影像、声音等文化元素，培育新兴文化业态，拓展文化资源产业化开发的空间，增强文化产品市场竞争力。

（七）文化品牌是灵魂

做大做强名优文化产品与服务，营造推介名优文化产品与文化服务的大环境，着力打造生态文化、历史文化、民俗文化等三类品牌，培育龙头企业，提高特色文化产品和文化企业知名度，通过文化软实力提升整个城市和区域的竞争力。

（八）文化地产开发是支撑

政府通过出让土地一级开发的利润，引导投资商开发旅游服务与旅游设施项目；而投资商在开发文化旅游服务与旅游设施项目的同时，要求政府匹配土地，用于住宅开发、商业地产开发或旅游房地产开发。由此，政府与投资商找到了各自利益的归属，用高额的土地一级开发利润和旅游休闲度假房产利润，抵消文化开发项目开发成本，获得投资回报。把文化旅游房地产开发盈利的一部分，用于开发文化旅游服务与文化旅游设施，推动整个区域的综合开发。利用文化旅游地产开发政策相对宽松的环境，绕过当前趋紧的国家房地产调控政策，获得开发土地；再利用旅游引擎推进服务产业聚集，带动开发区土地升值；然后延伸商业房地产、休闲度假房地产等高利润项目，实现文化开发的快速回报。依托"服务产业聚集、土地升值、房地产高回报"这三要素，已成为文化旅游引导的区域综合开发通行模式，成为民族文化资源产业化开发的主流模式。通过文化开发与文化地产开发捆绑，使文化与产业融合收益＋土地出让收益＋旅游地产开发收益三位一体，推进文化资源开发。

第六章

贺州瑶族文化资源产业化开发主要路径

一、贺州瑶族文化资源产业化开发基本形式

在实际工作中，文化资源可分为文化载体和文化本体两大类，文化载体是指孕育文化本体的自然环境和自然资源。文化本体则包括有形的物质类文化资源和无形的非物质类文化资源，依据其依托的文化资源是有形还是无形，瑶文化产业化开发，可分为物质类文化遗址产业化开发、非物质类文化产业化开发两种不同类型。

（一）物质类瑶文化遗址产业化开发

是指依托有形的文化资源进行开发，这类文化产业化项目的特征是，所依托的资源看得见、摸得着，通常以遗址的形态存在，消费者很容易

富川县古明城

通过遗址，对文化产生直观印象，因此也称为显性文化产业化项目。其资源包括具有历史价值、艺术价值、观赏价值、文化价值、纪念价值的建筑、景观、设施等。根据贺州瑶族地区遗址的特点和性质，物质类文化产业化项目，具体可分为以下六类：因历史人物而出名的遗址——名人故居、宗祠、古墓，如瑶妃墓；历史的生活场所和环境——古城、古镇、古村，如黄姚古镇、秀水村等；宗教祭祀、朝圣、祈福的场所——寺庙等宗教建筑；生产工程设施——古工程，如古道、古桥、水利工程等；军事战争产生的遗迹——如古战场等。重要的历史遗迹、遗址，通过策划包装，规划建设，借助声光电、多媒体、数字化仿真模拟，及三维动画合成等高科技，使其成为主题鲜明、内涵丰富、功能综合、感染力强，融纪念性、体验性与参与性为一体的特色文化旅游景区，增强文化资源向文化产品转变能力。

物质类瑶文化产业化开发分两步完成。一是在做好遗址文化资源保护的前提下，找出遗址本体文化卖点，明确市场定位，搞好产品设计，通过故事主线和情境体验设计，利用现代技术手段，对遗址内部空间进行主题情境化的展陈设计，赋予遗址以生命力，塑造遗址文化产品的核心吸引力，使遗址成为一个具备相应情景和文化深度体验的文化核心产品。二是挖掘隐藏在遗址背后的典型人物、历史事件、故事等隐性文化，进行文化体验的深层次延伸打造，在遗址本体外更大空间进行文化延伸，拉长产业链，形成产业集群，打造遗址文化产业发展区。

（二）非物质类瑶文化产业化项目

是指依托无形的文化资源进行开发，这类文化产业化项目的特征是，其所依托的文化资源，没有可凭借的遗址外壳，很难直观感受，文化通常以人物、事件、民族和民俗、文学艺术、事物、故事等类型隐藏在历史和生活背后，必须要经过深入挖掘，才能凸显出其价值。非物质类文化产业化项目，可具体分为以下八类：人物——历史人物、名人文化，如费孝通等；事件——历史事件、战争，如瑶妃事件等；民族——瑶族支系的文化，如盘瑶等的民族文化项目；文学艺术——由文学艺术延伸来的文化，如过山榜文化、梅山图等；事物——通过特定事物延展开来的文化，如服饰文化等；技艺——融合在生产和生活中的科学技术与工艺，如刺绣、纺织、民歌演唱等。故事——特色故事流传、通过故事延展开的文化，如进士何廷枢与盘兰芝的故事等；抽象文化——特定主题和属性的文化，狩猎文化、耕山文化、歌圩文化等；消失的遗址——历史上曾经存在或有记载但没有保存下来的遗址，如千家洞遗址文化。

非物质类瑶文化产业化开发也分二步完成。一是根据文化的代表性、独特性、差异性和可转化性，剥离文化表象，挖掘核心价值，对文化进行提炼，明确文化定位，梳理出项目的核心文化和辅助文化，构建项目文化体系。二是根据核心文化，进行文化载体的塑造，利用博物馆、文化旅游演艺、非物质文化展演传承、民俗活动、文化节庆、巡游、民族工艺品开发、文化产品的创意与创新等手法，使隐性文化显性化，以文化创意为突破口，带动相关产业发展。

物质类与非物质类文化产业化项目，在开发中各有优劣。物质类瑶文化资源历史感强，但由于历史原因，数量有限，且目前具有垄断价值的大遗址、遗迹等资源已被开发。另外，因其具有不可移动和不可改变的特性，开发中会受到一些诸如区位、可塑性和文物保护政策等的限制。而非物质类瑶文化资源数量无限，与物质类瑶文化相比，关联性相对较弱，因此产业化开发的选择性和塑性较强，但开发的随意性也较大。

（三）瑶文化资源载体的开发

在文化资源本体之外，还有一类就是对承载瑶文化的自然环境和自然资源作文化产业方向的开发。如利用瑶山出产的中草药作医疗保健业开发，利用瑶山良好生态植被环境作休闲养生业、农林观光业、生态有机种养业、民族工艺品等方面的开发。利用瑶区良好的自然环境和物种

大桂山

多样性作旅游观光业开发。或者是建立自然保护区，为科研提供考察场
地；为电影电视剧制作提供外景地；为诗歌、小说、歌曲等文艺创作提
供体验地；为绘画、雕塑、摄影等美术创作提供写生地。

　　文化产业化开发是一项系统工程，其依托的文化资源，往往是有形
与无形两种文化资源同时存在。倚重有形还是无形文化，需视项目实际
情况和资源价值来选择文化原点。一个项目的成功打造，也并非仅依托
一种类型的文化，很多情况下，需要挖掘项目最具价值和垄断性的资源
内核来塑造项目的核心吸引力和卖点，而其他多样性的文化，则作为主
体文化下的补充和支撑，如地域的民俗风情、风土人情、民间非遗义化
和特定生活方式，往往成为项目核心文化下的重要补充。无论物质类文
化，还是非物质类文化，或是文化载体，不同资源和性质的项目，在遵
循各自开发基本模式的基础上，都存在自身的独特性和差异性，丌发模
式也会有自己的特点。因此，在实际工作中，应针对具体项目，进行具
体研究，找出符合项目需求的开发模式。

　　比对上述三类基本模式，贺州瑶文化产业化开发项目，我们将文化

本体分为以下 10 大类。物质类瑶文化产业化开发模式，有故居类、宗教类、古镇古街古村类、遗址类、古代设施工程类等五大模式；非物质类瑶文化产业化项目，有文化主题公园类、文化新区新城类、旅游小镇类、文化创意园区、纪念园类五大模式。文化载体由于提供的是瑶区自然环境和自然资源等最原始的自然素材，在产业资源上有相当大的可塑性，人们可根据科技水平、社会需求进行广泛的文化创新。各地应依据具体情况和具体项目，采取不同的开发模式。

二、贺州瑶族文化资源产业化开发主要路径

文化资源产业化开发，就是不断挖掘文化资源的市场价值，将其变为文化商品，实现文化服务价值的过程。实现文化资源产业化开发，要以市场为导向，文化资源为依托，把工业和商贸业的理念，引入到文化产品和服务的生产经营中，建立瑶族文化资源转化体系，促进瑶文化资源向经济资源转化、文化资源向文化资本转化、文化资源优势向文化产业优势转化，拓展开发层次，加快产业化进程，最大化地实现文化资源的经济价值，实现文化社会效益与经济效益共赢。

贺州可在保持瑶文化资源特点的前提下，以现有一二三产业为载体，通过产业手段，对瑶文化资源进行挖掘、提炼、创意、融合，形成瑶文化开发的产业链、产业集群、产业体系，实现对瑶文化综合性多层次多重价值的开发。根据全域化瑶文化资源、贺州特色生态资源、经济资源和社会资源间的联系、渗透、互补、重组所形成的复合业态，贺州瑶文化资源产业化开发路径可归纳为以下四类：

（一）资源包装式开发

深度挖掘丰富的瑶族传统历史文化资源和民族民间文化资源，通过文字、影视图像等文化产品的对外传输，通过演艺表演等人体行为的展示，通过受众对历史遗迹、文物的考察见证（主要是旅游），让消费者在感受

贺州瑶族悠久历史和绚丽文化的同时，娱悦心身，增长知识。这种对传统瑶文化资源进行现代创意包装和集成的开发模式，是瑶文化资源产业化开发的基本途径和初级形态。该模式的基本思路是，加大对贺州瑶族特有历史文化的传承；加强民族工艺、民族风情的研究保护。并以此为依托开发相关文化产品，将贺州特有的瑶族文化资源和相关文化、产业元素进行创意整合，设计包装成内涵深厚、震撼力、冲击力和感染力极强，又具有很强操作性的文化艺术项目。通过加大对外推介力度，广泛招商引资，用项目吸引资金，形成项目策划人＋项目投资人合作开发格局，或通过专业经纪人再度包装和市场运作，落实项目投资人，形成多方合作开发格局。

具体实践中，一是将贺州瑶族独特的原生态音乐如蝴蝶歌、独特的民族服饰如十二支系瑶族男女盛装、民族绝技如"上刀山"进行有机组合和集约包装，以舞台剧或山水剧的形式集中展示给观众，让游客短时间内集中体验贺州丰富多彩的瑶民族文化、民族餐饮、民族工艺和民族风情。二是通过对历史遗址工程的修复、重建和历史场景的复原，让消失的重现、衰落的振兴、停滞的发展，经过营销和推广，吸引人们到现场体验。主要是以一个或几个特色鲜明、具有品牌领衔功能和区域垄断性，具有可持续发展潜质的特定文化主题为主线，有机组合系列与主题相关、形式多样、体验各异的配套项目，并辅以适量趣味性、知识性、娱乐性强的活动，共同构成一个完整的旅游功能区域，大力发展体验式的瑶文化旅游。三是通过加强图书、网络、影视、表演、文物复制品等产品的开发和生产，用现代创意来包装传统文化产品，赋予传统资源以时代特点和流行色彩，让现代人欣赏和喜爱传统的东西。充分利用现代的艺术形式和先进的高科技手段，集成包装和开发一批瑶文化产品。挖掘一批杂技、民间技艺、民间歌舞等具有贺州特色的传统瑶文化产品，并通过图书、网络、影视、表演等方式对其全方位的营销和推广，形成产业化开发。

（二）产品衍生式开发

这一路径以产业结构优化为主线，以文化产品经营为主导，通过产业联系和文化的外部效应，带动相关产业的发展，延伸文化产业链，形成以文化为基础的产业集群，实现瑶文化资源的产业化开发，促进文化与经济一体化发展。包括音乐、舞蹈、戏剧、文学、艺术、演艺、影视、多媒体等在内的传统意义上的艺术创作，是文化产业的核心部分。这些艺术形式除本身可以形成为一种产业外，它还包括比艺术生产范围更大的延伸产业。因此，瑶文化资源可依托文化核心产业、核心产品的辐射带动作用来进行深度产业化开发，发展相关延伸产业和生产相关衍生产品，进一步扩大文化产业的边界，丰富瑶文化资源产业化开发的路径。鼓励支持音乐、舞蹈、戏剧、文学、艺术、演艺、影视、多媒体等各行业的名人、名家、名师到贺州领办、创办文化企业和文化工作室，是推进瑶文化资源产业化开发，生产瑶文化产品道路上值得推荐的一条路径。

贺州应加快调整优化文化产业结构，优先发展成长性好、关联度强、增加值比重大、附加值高、核心竞争力强、行业增长速度快、具有资源竞争优势的产业，以这些获得先行发展的行业为龙头，拉动上下游相关产业发展，不断提高其在产业链中的贡献度，增强贺州瑶文化资源产业化开发能力。根据贺州瑶文化资源特点、产业基础和市场前景，重点做大贺州文化旅游、新闻出版和广播影视、文娱演艺、文化会展、现代新兴文化等五大产业，扩大产业规模，加强产业间的统筹和规划，增强行业关联度，形成良性互动之势，以文化产业链拓展推进瑶文化产业化开发。

（三）产业融合式开发

在瑶文化资源产业化开发过程中，引入创意产业理念和运作方式，通过与一、二、三产业发展联动，实现瑶文化与现代科技、信息、资本的对接，打造产业与文化的融合体，创造出富有瑶文化内涵的新产品和新业态，形成瑶文化创意生成、创意产品化、关联产品开发、创意产品复制、创意产品营销、创意消费的体系，占领瑶文化资源产业化开发的制高点，形成贺州特有的开发形式和开发途径。重点发展创意农业、创意工业和创意服务业，利用当地瑶族生产、生活、节庆、风俗等文化符号，提升产业的文化内涵及核心竞争力。

1.文化资源＋创意农业。创意农业是以农业与人文资源为创意基础，将科技、文化、艺术元素融入农业生产进行创新，生产创意农产品和设计创意农业活动，将单纯的农业生产与丰富的多元文化相结合，赋予农产品和农业生产过程文化内涵和价值，满足消费者对精神和文化需求的综合性现代农业。以打造中国瑶乡创意农业之城为目标，依托当地丰富的花卉苗木资源、生态农业资源、中国脐橙基地生态优势和富川 30 万亩果园，配套建设中国瑶乡名优花木生产科技园区、富川国家花木博览园、高等级温泉度假区等，大力发展创意农业旅游，开发建设一批原生态的瑶文化旅游产品和瑶乡农家乐项目，形成贺州县区田园生态旅游集聚区，形成赏贺州风情——沐瑶村氧吧——浴瑶家药泉——享瑶族美食线路。以创意农业传承瑶族文化，实现瑶文化开发与农林业的融合发展。

富川瑶族自治县脐橙种植园

2. 文化资源 + 创意工业。以深度打造瑶乡工业体验城为目标，大力开发创意工业旅游。积极创建全国瑶族地区工业旅游示范点，把打造工业旅游产品作为重要的瑶文化资源开发组成部分加以规划，将贺州循环经济工业示范园区纳入广西旅游的大格局中，与工业互动发展，形成一条探华润成功之秘，观工艺之巧，赏生产之妙，览生产线之趣，感企业发展无限生机的民族工业文化旅游线路。与柳州联动形成整体工业旅游线路，将特色工业之旅联手打造成重点旅游线路，形成一个新的旅游目的地，吸引高层人士和特殊游客群体的关注，培育新的客源市场。

3. 文化资源 + 创意服务业。以深度打造全国三产创意城为目标，大力开发创意服务业。改变单一瑶文化资源开发模式，与医疗、美容、健身、餐饮、会议接待、娱乐、地产、会展、瑶寨休闲博览会、温泉小镇、星级饭店、旅游服务中心等项目结合起来，积极打造综合性强的高端文化旅游产品，注入小型商务会议产业、家庭园艺产业、文教产业三大产业功能；培育新兴业态，提高瑶文化旅游产品品位和品质，提高瑶文化资源产业化开发的综合效益，进一步吸引高端游客。充分开发利用非物质文化遗产资源，不断丰富旅游产品的文化内涵，促进瑶文化资源产业开发与旅游产业协同发展。推动演艺产业与旅游产业结合，创作一批优秀演艺节目，以定点和巡回演出的方式，开展文化交流。建设贺州剧场，着力打造定点景区专题文艺演出，增强新兴旅游目的地的吸引力和魅力。同时发展与之配套餐饮、购物及相关娱乐业，将各种业态整合成一个完全按现代企业制度运营的股份合作制企业，形成多方联营、共赢发展格局，提高剧场市场竞争力。

4. 产业集群式开发。文化产业集群是集中于一定区域内、处于相同文化资源链上、众多具有分工合作关系的文化企业和相关机构、组织等行为主体，通过纵横交错的网络关系紧密联系在一起的空间集聚体。以培育产业集群为主攻方向，以拉长产业链和完善配套服务为重要抓手，以园区和基地建设为有效载体，努力把计算机技术、信息技术、多媒体技术、互联网技术、通讯技术等高科技引入文化艺术领域，实现技术与文化产业的结合，开发新产品，发展新业态，加快形成规模效应、联动效应、群块效应，推进文化资源产业化开发。在实践中，具体表现形式是当前各地形式多样的文化产业综合体。一是以文化为引线，地产为支撑，推动休闲、娱乐、餐饮等相关产业发展集聚而形成的文化休闲地产综合体。二是借助文化品牌的影响力，带动其他文化资源挖掘利用，积极筛选储备一批后续项目，以项目聚要素、添动力、促发展，带动文化资源产业化开发。在建设一批市场前景好、辐射能力强、带动作用大的重点文化项目的同时，高起点、高水平地规划建成一批标志性文化工程，形成文化品牌与城市经营相互融合促进的文化综合体。

　　贺州在选择文化资源产业化发展路径时，应综合考虑市县（区、管理区）文化资源状况、文化产业发展水平、文化市场状况、经济发展水平等具体实施的条件，因地制宜，选择适合当地实际的路子。

第七章

贺州瑶族文化资源产业化开发总体思路

根据贺州现有的经济、社会、文化、生态、区位五大条件，考虑到瑶文化产品的生产、流通、销售、消费的特点与趋势，以及其文化价值与经济价值的实现方式、表现形态、功效作用，借助文化与技术、产业、生态的深度融合，瑶文化资源开发的战略导向，贺州瑶文化资源产业开发的总目标就是将贺州建设成为全国瑶族文化创意先行区、全国瑶文化交流的重要平台、全球瑶文化休闲度假旅游胜地。并最终发展成为中国瑶文化产业研发总部、世界瑶文化传播中心、全球瑶胞安放心灵的家园。

建中国瑶文化产业研发总部，就是建设高端瑶文化产业研发基地，占领瑶文化产品微笑曲线的研发高端，不断挖掘开发瑶文化资源中蕴含的经济价值，开展文化创意设计，创新文化产品，提高产品附加值，向国内外市场提供丰富多彩的新型瑶文化业态产品，把贺州建设成为以研发总部为支撑的全国瑶文化高端产品生产基地。

建世界瑶文化传播中心，就是建立瑶文化产品流通体系，利用现代信息技术、通信技术、数字技术等高新技术，构建传输快捷、覆盖广泛的瑶文化传播体系，创新瑶文化产品销售方式，打造贺州瑶文化品牌，培育新型瑶文化产品流通业态，把贺州建设成为以现代传播渠道为支撑的全国瑶文化交流中心。

建全球瑶胞安放心灵的家园，就是建设盘王宫、瑶族祠等，吸引全球瑶胞到贺州朝圣、拜祖，追思祖先，并围绕盘王文化资源开发建设一批瑶文化休闲、养生、度假等旅游场所和设施，以及影视制作基地等，吸引国内外旅客到贺州进行瑶文化体验休闲，通过向不同类型、不同层次消费者，提供体现人文关怀的有形与无形的瑶文化产品，把贺州建设成为以盘王文化为支撑的瑶族同胞精神产品的超市。

一、指导思想

以邓小平理论，三个代表重要思想，科学发展观为指导，把瑶文化资源产业化开发，作为转变经济发展方式的重要突破口，纳入贺州市经济社会发展总体规划，统筹谋划加快发展。以瑶文化市场需求为导向，以贺州市全域瑶族特色文化资源和自然人文环境为依托，以文化旅游综合体为抓手，以创意设计带动产业融合为路径，以体制机制创新为动力，以政府投融资平台为保障，通过大项目带动、大集团运作、大园区支撑，整合生态、文化、旅游三大资源，规划建设一批瑶文化传承、创意、体验精品区，树立一批瑶文化品牌，打造一批全国瑶文化传承基地、瑶文化展示基地、瑶文化研发基地、瑶文化创意基地、瑶文化体验基地，加快推进贺州瑶文化资源产业化开发，推动贺州文化大发展大繁荣，把贺州打造成为文化先进城。

二、基本原则

（一）坚持政府引导

建立政府引导、市场运作的瑶文化资源配置机制，加快组建综合性大型瑶文化资源产业化集团，形成瑶文化资源开发的主导力量，精心策划，创意包装，打造品牌，促进瑶文化资源优化配置，做大做强瑶文化产业。

富川瑶族自治县成立 30 周年庆祝大会

平桂管理区十八水景区避暑节

（二）坚持项目带动

从瑶族文化重点园区、重点产业、重点企业、重点产品切入，确立一批骨干工程，打造标杆性旗舰项目，以重点项目带动瑶族文化建设的关键环节和重要领域取得突破，全面提升文化产业综合实力和市场竞争力。

（三）坚持产业融合

寓瑶文化资源开发于产业发展之中，寓瑶文化需求于商品消费之中，统筹文化与以旅游业为代表的产业一体化发展，以文化产业综合体为载体，采取多种运作模式，推进瑶文化资源产业化开发。

（四）坚持全域推进

以贺州世居瑶族为主体，同时吸收域外瑶族的文化，以及域内其他民族文化，统筹规划贺州三县二区的瑶文化资源开发，构建起合理的瑶文化产业空间结构布局。

1 富川县脐橙节　　2 钟山贡柑化节贡柑展销会
3 2012 年广西（昭平）春茶节暨文化旅游节开幕式

（五）坚持保护性开发

以生态环境、文物古迹、风景名胜、自然资源的保护为前提，振兴瑶族优秀传统文化，保护性推进瑶族文化资源开发，促进其可持续发展。

三、开发目标

（一）总体目标

以突出贺州瑶族文化特色为基调，按照制定好一批政策，确立好一批产业，培育好一批企业，建设好一批基地，开发好一批产品，举办好一批节会，展演好一批剧目，树立好一批品牌，培养好一批文化产业创意和经营人才的"九个一批"要求，以瑶文化资源产业化开发集团为运营主体，通过招商引资、合作经营、特许经营等方式，经过 8 年努力，到 2020 年基本完成对三县二区的功能区划与重大项目空间布局，一批瑶文化保护、传承、展示、演艺、研发、营销等重大标志性工程和骨干项目开工建设，一批项目投产盈利，一批集文化、旅游、地产于一体的大型综合型开发企业、集团公司成为开发的主力军，竞争力强的绿色生态瑶文化产品不断涌现，多形式的瑶文化产品营销网络基本形成，瑶文化品牌影响力提升，一批大型瑶族文化旅游景区、瑶族文化旅游乡镇、瑶族文化旅游特色村寨形成，文化交流平台作用得到发挥，瑶文化开发政策趋于完备，以富川瑶族自治县为核心的瑶文化资源产业化开发格局构建完成，瑶文化产业实现跨越式发展，成为贺州支柱产业。贺州建成全国瑶族文化创意先行区，世界级瑶文化休闲旅游度假胜地，实现建成中国瑶文化研发总部、世界瑶文化传播中心、全球瑶胞安放心灵的家园的奋斗目标。

（二）阶段目标

第一阶段（2013 年—2015 年），完成贺州瑶文化资源的普查、登记、立档、命名等工作，摸清家底，建立名录，形成重点，确定一批瑶文化保护区、瑶族文化名村名镇，命名一批瑶族民间文化传统传承人。有重点有目的地引进和培养好一批文化产业人才，开建一批重点项目，培育一批瑶文化龙头企业，树立一批瑶文化品牌，瑶文化产业开发政策和产业规划基本形成。

第二阶段（2016 年—2020 年），瑶文化基础设施基本完善，瑶文化开发格局基本形成，瑶文化产品体系基本建立，瑶文化开发企业实力不断增强，瑶文化品牌竞争力不断提升，瑶文化人才队伍不断壮大，瑶文化产品营销网络基本形成，瑶文化产业的空间布局逐渐优化，瑶文化产业规模稳步增长，瑶文化产业成为贺州经济社会发展的新增长点。中国瑶文化传习基地、中国瑶族文化产业化基地、世界瑶文化休闲养生旅游度假基地、中国瑶文化研发总部、世界瑶文化传播中心、全球瑶胞安放心灵的家园等重大项目在贺州基本建成。

四、功能区划

功能区划范围涵盖昭平县、钟山县、富川瑶族自治县、八步区、平桂管理区等三县二区的贺州全域，共有 61 个乡镇。

以贺州林海瑶寨为母体，以市域自然文化资源、经济资源、社会资源为依托，走瑶文化元素与科技、产品、项目、产业、园区、村镇、城市等多层次、多形式融合创新，文化资源开发与工业化、信息化、城镇化、农业现代化发展联动的产业化开发路子，通过建筑景观创意、环境体验创意、文化娱乐创意、商业设计创意、品牌形象创意等方面的产业开发，促进瑶文化创意园、瑶文化主题公园、瑶文化旅游度假区等瑶文化产业项目开发建设，各类特色鲜明的瑶文化产业综合体发展壮大，培

贺州行政区划图

①瑶文化保护传承区
②瑶文化研发创意区
③瑶文化体验集散区

① 富川县

钟山县

平桂管理区

★ 贺州市
八步区

③

②

昭平县

育起瑶文化保护传承、瑶文化研发创意、瑶文化体验集散三大板块主体功能区，在全市三县二区构建起功能互补、优势互现的瑶文化资源开发格局。

（一）富川瑶族文化保护传承区

1. 设立依据。 富川是广西 6 个瑶族自治县之一，贺州市唯一瑶族主要聚居县，县内总人口 1/3 以上是瑶族。富川位于湘、粤、桂三省区瑶族人口聚居区核心层，属于南岭瑶族文化圈园心。其瑶族人文地理中心的地标价值独一无二，是贺州拥有的垄断性文化资源，是叫响贺州瑶文化品牌的最大优势所在。由于高山阻隔，交通封闭等历史原因，富川瑶族文化得到了较好传承，是全区和全国瑶族文化保留比较完整的区域。深厚的历史底蕴，多彩的区域特色，使富川瑶族文化具有较高的文化价值、史学价值、科研价值、审美价值和开发价值，具备了设立瑶文化保护传承区的人文、历史、地理等条件。

2. 区域范围。 涵盖富川瑶族自治县所辖的富阳镇、白沙镇、莲山镇、古城镇、福利镇、麦岭镇、葛坡镇、城北镇、朝东镇、新华乡、石家乡、柳家乡等 12 个乡镇，面积约 1600 多平方公里。以瑶族创造积累的文化成果为保护传承对象，主要包括以下九大类：一是富川瑶族传统口头文学以及作为其载体的语言；二是富川瑶族音乐、舞蹈、戏剧、曲艺、杂技等民族文艺；三是富川瑶族传统节日、庆典、体育等系列民俗活动；四是富川瑶族手稿、经卷、典籍、文献、契约、谱牒、碑碣、楹联、印章等具有学术、史料、艺术价值的文献史料；五是体现富川瑶族生产、生活习俗和历史发展的服饰、器具、乐器、特色建筑物、构筑物、设施、瑶医、标识等民族科技结晶和民族技艺；六是富川瑶族传统纺、染、织、绣、制陶、美术、图腾、图案、雕刻等民族工艺；七是富川瑶族非物质文化遗产代表性项目的代表性传承人所掌握的知识和技艺；八是保存比较完整的富川瑶族文化生态区域；九是其他表现形式的富川瑶族文化。

3. 发展定位。打造成全区瑶族文化保护传承先行示范区，建成全国瑶族文化保护传承基地、瑶族民俗文化产业开发基地、全国瑶文化创意休闲农业示范区。以上述九类资源为对象，有序推进瑶族文化遗产和保存完整的瑶族自然与文化生态地的保护。对列入国家和自治区少数民族文化保护名录的富川瑶族文化遗产，实行重点专项保护。维护修缮具有瑶文化特色的建筑以及特定场所，建设恢复能够集中反映瑶文化的工程设施。以重点发展瑶文化旅游为核心，通过在富川命名一批瑶文化古村古镇，建成一批传习场所、展示场馆和生产作坊，设立一批瑶族民俗文化生态保护基地，推广一批瑶文化体验活动项目，具体推进富川瑶文化保护传承区建设，以现代产业手段和工程技术来复活瑶文化，实现瑶文化资源的产业化开发。

4. 项目设置。涉及人文历史、文化旅游、农耕民俗、娱乐演艺、工艺美术、影视传媒、自然生态、运动休闲、健体养生、特色餐饮等10类40多个项目，分为文化主题公园项目板块、文化创意园项目板块。

A 板块——文化主题公园项目

采用主题公园的开发方式，展示瑶文化的典故、圣地、传奇的人物事迹等，打造我国第一个瑶文化主题公园。在富川建设瑶文化广场、瑶王宫、园林雕塑小品等一批瑶文化主题公园项目，展示瑶族灿烂的历史文化和丰富内涵，充实保护传承区功能。依托瑶文化资源和地域文化资源，发展成为贺州文化体验休闲度假旅游目的地的重要一极。

①始祖文化项目

盘瑶始祖文化源于古代瑶族人民对本民族祖先造物、育物、养物之恩的崇拜。盘王是盘瑶的人文始祖，是全体盘瑶同胞的共有精神化身和集体记忆。以盘王文化为主题，以盘瑶族的创世文化为主线，开发富川源远流长丰富多彩的瑶族创世神话，建设盘王历史文化旅游景区，把富川打造成为海内外瑶族同胞寻根祭祖的朝觐圣地，中国盘王历史文化旅游名胜，集朝觐、观光、商业于一体的文化旅游区。重点项目包括：

盘王雕像

盘王宫

盘王庙文化祭祀区

瑶族十二支系先祖祠

瑶族十二姓先祖人物群像雕塑文化长廊

瑶族历史人物群像雕塑文化长廊

瑶族历次迁徙历史大事雕塑长廊

通过实施以上项目，在富川建设融合岭南各支系盘瑶族文化的盘王历史文化胜地——盘王城，成为全国高端瑶文化旅游目的地，全国结构最完善、规模最大、内容最丰富的瑶文化朝圣体验区。

②千家峒文化项目

以千家峒历史传说文化为主线，瑶族建筑文化为主题，依托富川瑶族的山居文化、历史文化、生态文化，仿照原生态瑶寨风貌，结合瑶族风情、自然风光，运用现代科技手段，建设千家洞大观苑，使其成为一个集瑶文化体验、休闲度假、影视拍摄、科考研发、商贸旅游、观光娱乐等为一体的高端瑶文化旅游目的地，成为全国规模最大的集建筑、民俗、商贸于一身的瑶文化旅游综合体，全国独特的瑶族文化标志性建筑景观，中国瑶族地理中心地标，全球瑶胞文化体验的殿堂，重现瑶族古朴久远的山居风貌和桃花源般的生活韵味。重点项目包括：

千家峒摩天塔

千家峒文化广场

千家峒欢乐谷

千家峒萌渚表演广场

千家峒越城月光歌圩

千家峒美食广场

千家峒影视文化城

千家峒民俗文化展示园

千家峒世界歌圩展示园

千家峒瑶族农耕文化与林猎文化展示园

千家峒大观苑整体建筑，完全由瑶族山寨民居建筑群组成，按照挖掘民俗资源，修建生态绿地广场、仿古商贸一条街、仿古建筑群的建设思路，分段开发建设，营造文化氛围，完善设施功能，使其成为具备景区地标形象、历史博览、文化精品演绎、商旅度假等多种功能于一体的瑶文化开发综合体。其中，一是千家峒摩天塔，56.1米高（寓意瑶族是56个大家庭中的一员），为富川的地标性建筑，瑶文化标志性景观，最顶一层为观景台，室内墙面绘有瑶族历史传说神话故事，内设瑶家茶庄、奇石展馆，在此品尝瑶山油茶，心清神爽，纵横瑶家古今，体验瑶家山居桃源人生，时有蝴蝶歌儿盘旋回荡，可谓瑶家仙境，并将此建为瑶文化传习基地。二是千家峒文化广场，是文化企业集聚区，主要经营项目，包括贺州特色餐饮、长鼓、竹编、藤编、木雕、斗笠、奇石、古玩、石雕、书画、银器、宠物、特产、当地特色演艺节目、瑶绣、瑶编等瑶族民间传统手工艺品。三是千家峒大观苑欢乐谷，专营由专业设计师绘萃瑶族文化制作的千家洞大观苑品牌旅游纪念品。四是千家峒大观苑宴会厅，是以瑶族歌舞表演、饮食融为一体的大型歌舞宴会厅。五是千家峒美食广场，汇聚全国12个瑶族文系的经典美食，展示瑶族特色饮食文化，包括食货街、美食街、酒吧茶艺风情街等，并结合节庆和会展活动，举办美食文化节。

通过将瑶家山寨楼观、文化广场、文化长廊、文化休闲街、民俗娱乐城、文化购物城、文化度假中心，以及瑶族工艺品、服饰、器物、饮食、油茶、瑶药、养生、建筑等各类专题文化博物馆，集聚建设在一起，使得整个千家峒大观苑在体现浓郁的瑶族建筑风格和美感的同时，又发挥了瑶族博物馆等各类瑶族文化展示场馆对瑶族文化传承的带动作用，以及瑶族艺术表演对瑶文化产品生产和消费的带动作用。

千家峒大观苑附设大面积的瑶族农耕场地和林猎场地，展示瑶族居民的传统生产方式，展示瑶胞们田园牧歌式的生活方式，大观苑凝聚了瑶族迁徙、山居、耕山、狩猎文化的精粹，是一座集聚瑶文化资源的精神富矿，是贺州版的瑶族"阿房宫"，是中国奉献给世界的再生民族建筑瑰宝。

③瑶族非物质文化传承基地项目

瑶族文化普查整理

瑶族文化资源保护名录制定

瑶族民间非物质文化遗产传承人培养

瑶族非物质文化遗产申报

瑶族非物质文化遗产名录档案馆

瑶族蝴蝶歌传承基地

瑶族留西啦咧传承基地

富川城北镇凤岭村瑶族风情表演台

瑶族长鼓舞传承基地

瑶族芦笙传承基地

瑶族刺绣传承基地

瑶族非物质文化传承人培训馆

瑶族非物质文化展演场

中国瑶族历史文化名村名镇

　　将具有重大保护价值的历史、文学、艺术、科学等瑶民族非物质文化遗产，申报国家、自治区级非物质文化遗产代表性项目名录、联合国教科文组织人类非物质文化遗产代表作名录、民族文化承载地。组织原生态瑶族文化集中、民居建筑瑶族传统风格特点突出、生产生活习俗有特色的瑶族聚居区申报设立自治区瑶文化保护区，进行规划开发。挂牌成立一批乡镇村寨，作为天然的瑶族文化生态"博物馆"，瑶族民间传统文化传习所基地，通过瑶族山寨、器物展示，歌舞表演，让人领略到原汁原味的原生态瑶族文化，推进申遗工作，将古镇古村从文化传承场所，提升为自治区和国家的瑶族历史文化展示区、体验区、服饰等瑶文化产品加工作坊。

　　B板块——文化创意园项目

　　把瑶文化融入到旅游产品的开发制作、经营管理和旅游服务中，充分发展现代时尚瑶文化，不断丰富瑶文化内涵，精心塑造瑶义化品牌，延伸瑶文化产业链，促进瑶文化产业与旅游产业融合，构建起融瑶

富川脐橙园

族民俗文化保护、展示、体验、传承与发展于一体的富川瑶文化保护传承基地，努力创建国家少数民族文化产业示范基地，成为广西文化创意产业发展的典型样板。

①瑶族耕山文化创意项目

依托瑶族非物质文化遗产生态保护区的森林山地景观资源、有机农产品资源，以瑶族丰富的生态文化为主线，以农耕文化的特殊形态——耕山文化为主题，在建立瑶文化古村古镇等保护区的同时，将瑶文化资源开发与现代农业展示、生产体验、瓜菜采摘、生态观光等结合起来，发展创意农业，配套开发一批文化与生态结合的文化创意项目，打造瑶文化主导的创意农业长廊，展示现代农业科技成果，提升富川瑶文化开发水平和经济价值，进一步拓展乡村旅游宽度和深度，将非物质瑶族文化开发引向高端。重点项目包括：

瑶文化休闲观光创意农业片区

瑶文化循环经济生态文化创意长廊

瑶乡山寨特色有机农业创意片区

瑶乡山寨香樟古树主题公园

瑶家林海山趣耕山文化休闲园

瑶家花鸟盆景宠物圩场

在瑶族农耕文化开发中，改变传统大田生产为主的格局，重点发展高经济价值的果树、蔬菜、花卉、香草、园林等观赏体验性强的产业，通过多彩种植区、彩虹田园区、鲜果乐园等种植景观板块构建，展现以农作物、林木、植被等生物景观为主的自然景致，将瑶文化资源（人文景观）和自然文化资源（生态景观）有机融合，借助创意农业，将瑶文化资源开发收益推向最大化。

表1　富川瑶族文化保护传承区项目

文化主题公园项目	文化创意园项目
1. 始祖文化项目	1. 瑶族耕山文化创意项目
盘王雕像 盘王宫 盘王庙文化祭祀区 瑶族十二支系先祖祠 瑶族十二姓先祖人物群像雕塑文化长廊 瑶族历史人物群像雕塑文化长廊 瑶族历次迁徙历史大事雕塑长廊	瑶文化休闲观光创意农业片区 瑶文化循环经济生态文化创意长廊 瑶乡山寨特色有机农业创意片区 瑶乡山寨香樟古树主题公园 瑶家林海山趣耕山文化休闲园 瑶家花鸟盆景宠物圩场
2. 千家峒文化项目	
千家峒摩天塔 千家峒文化广场 千家峒欢乐谷 千家洞萌诸表演广场 千家洞都庞月光歌圩 千家峒美食广场 千家峒影视文化城 千家峒民俗文化展示园 千家峒世界歌圩展示园 瑶族农耕场地和林猎场地	
3. 瑶族非物质文化传承基地项目	
瑶族文化普查整理 瑶族文化资源保护名录制定 瑶族民间非物质文化遗产传承人培养 瑶族非物质文化遗产申报 瑶族非物质文化遗产名录档案馆 瑶族蝴蝶歌传承基地 瑶族留西啦咧传承基地 瑶族长鼓舞传承基地 瑶族芦笙传承基地 瑶族刺绣传承基地 瑶族非物质文化传承人培训馆 瑶族非物质文化展演场 中国瑶族历史文化名村名镇	

（二）八步平桂瑶文化研发创意区

1.设立依据。 八步区是贺州市委、市政府所在地，是贺州市的政治、经济、文化中心，资本、技术、人才、信息要素资源相对聚集的高地，是引领文化创意研发的前沿地区。平桂区是贺州市的主要经济区域，是旅游资源相对富集的区域，以姑婆山国家森林公园重点景区为主力，已形成了涵盖辐射八步区的山水休闲游、温泉度假游、乡村生态游、风情文化游并驾齐驱的旅游产业格局。八步平桂两区在文化旅游上融为一体，客观上形成了一个密不可分的瑶文化资源开发整体。

2.区域范围。 包括八步区 3686 平方公里，共涉及 15 个乡镇（含街道办事处）、1 个瑶族乡；平桂管理区原属八步行政区划，2007 年从八步区中分离，功能区划涉及西湾街道、黄田镇、鹅塘镇、沙田镇、公会镇、大平瑶族乡、水口镇、望高镇、羊头镇共 9 个乡镇（街道），总面积 2022 平方公里。

3.发展定位。 建成贺州市瑶文化研发基地、瑶文化创意产业示范基地、瑶文化传播基地、瑶文化人才培养基地，成为集研究创意、生产销售、文化体验、旅游休闲为一体的文化创意区，全国高端瑶文化休闲度假目的地。引导大专院校、科研机构、文化企业，挖掘瑶文化价值，研究传承途径，提出发展思路，编纂瑶族文化研究成果系列丛书，为传承发展瑶族文化以及培育瑶族文化产业提供理论指导。研发生产加工销售各类瑶族文化产品，兴建瑶族文化博物馆等展示传习等场所，出版瑶族语言文字图书报刊，抢救保护瑶族古籍、文物和珍贵实物资料，保护和传承瑶族传统手工艺。

4.项目设置。 立足于全域性瑶族文化资源研发应用，着重瞄准全国第一制高点，收集全区、全国乃至全球的瑶族文化博物馆藏资料，兴建一批馆藏规模、文物品位均为全国第一的瑶族历史文化展示场馆和陈列区域，为系统开展瑶文化研究创造文物史料条件。在此基础上，垄断性地开发利用对瑶文化研究有重大影响的名人名家资源，吸引国内外从事瑶文化研究、创意等科研机构、文化公司、领军人才进驻，把贺州打造成全国最大的瑶族历史文化研发基地，建成集瑶文化研究、瑶文化创意、瑶文化展示、瑶文化休闲于一体的国家级瑶文化名人产业示范园区，构建引领全球的瑶学研发系统。

A 板块——文化群英苑项目

①中国费孝通、江应樑瑶文化创意产业园项目群

费孝通是世界级的社会科学家，1988 年到访贺州，出版《费孝通与广西瑶族社会研究》、《费孝通与瑶族学》、《费孝通在瑶山》、《费孝通与王同惠爱情传奇》等专集和专著。

江应樑是贺州市八步区人，中国著名的民族学家。著有《广东瑶人之今昔观》、《广东瑶人之住宅用具》、《广东瑶人之宗教信仰与经咒》、《广东瑶山之衣饰》、《广东北江瑶人之生活》、《历代治黎与开化海南黎苗》等民族学论文 200 多万字。专著《傣族史》是世界傣族研究史的权威著作，《中国民族史》获得全国高校首届人文科学优秀成果一等奖。他把人类学和民族史结合起来研究少数民族，搭建了民族人类学这一新兴学科的基本架构。在民族学界，与费孝通齐名。

通过挖掘费孝通、江应樑等知名瑶学家丰厚的历史文化，联合清华、北大等全国名校和有关瑶学科研机构，联合举办费孝通、江应樑瑶族社会学、民族人类学等一系列高水平、高规格的学术研讨会，让名家人文资源服务贺州，在贺州建立中国费孝通、江应樑等瑶学名家文化创意产业园，带动瑶文化产业综合性研究开发。让瑶文化研究史实，由资源变成资产，由文化变成财富。主要项目包括：

——中国瑶文化群英苑项目

民族学家费孝通、江应樑主题公园

费孝通瑶山行纪念工作室

费孝通、江应樑瑶族文化研究图书馆

费孝通、江应樑学术馆

费孝通、江应樑瑶文化创意孵化园

中国瑶学领军人物群英阁

——中国瑶族历史文化博览项目

以世界独一无二的瑶族器物文化为主题，发掘整合各类瑶族器物文化资源，规划建设一批中国贺州瑶族器物文化公园。其建设内容包括：各类瑶族器物博物馆，世界各类瑶族器物文化展示交流中心，古代各类瑶族器物的制造体验区、乐器类器物的祭祀与娱乐体验区、生产与生活类器物的使用体验区、仿古木具旅游商品展销区、中国贺州长鼓文化广场。通过该项目建设，把贺州打造成全国瑶族器物文化博览中心。主要项目包括：

中国瑶族长鼓展览馆

中国瑶族服饰展销馆

中国瑶族美食展销馆

中国瑶族山寨村居展览馆

富川县瑶族博物馆

中国瑶族耕山展示馆

中国瑶族狩猎展览馆

中国瑶族医药展销馆

中国瑶族家具展销馆

中国瑶族农具展览馆

中国瑶族文献展览馆

中国瑶族美术馆

贺州市博物馆瑶族文化展厅

通过实体、模具、文字、视频、场景、图片、演示等方式，展示瑶族不同时期建筑、服饰、乐器、农具、家具制作技术的发展和技艺，为系统研究瑶族民俗、民风、器物、宗教、信仰、哲学、思想等发展历史提供条件，为瑶文化资源开发创新提供思想源泉。同时在展示场地还销售相关的各类产品和各类服务。

——中国瑶族文化开发研究总部基地项目

在贺州设立中央民族大学、中国社会科学院等国家级瑶文化研究基地，中国华南地区省级社会科学院等区域瑶文化研究基地，广西民族大学、广西社会科学院等省级瑶文化研究基地，整合国内外科研院校相关学科资源，集中开展瑶文化产业重大理论和现实问题研究。资助一批国家级、区域级、自治区级重点瑶文化资源开发课题研究。定期举办国家级瑶文化开发研究论坛，出台政策鼓励个人、团体、企业等社会力量加大对贺州文化产业的研发力度，对进驻贺州的文化企业、文化研发项目、开发的文化新产品给予扶持。

把贺州建成中国瑶族文化资源开发研发总部基地，为瑶文化资源产业化发展提供智力和人才支撑。主要项目包括：中国瑶族文化研究开发战略联盟、岭南瑶族文化研究开发战略联盟、广西瑶族文化研究开发战略联盟，建立各类文化研发公司等。

B 板块——演艺会展项目

①瑶文化演艺项目群。以展演活动形式，将瑶文化研发创新成果推介营销出去，提高贺州文化软实力。

——《迎盘王》歌舞剧。国家级大型人文山水历史剧创作品牌项目，以盘王文化为主题，荟萃瑶族历史文化精华，根据瑶族创世、迁徙、山居、耕山、狩猎的历史情景，编排一出集瑶族神话传说、历史故

贺州舞剧《瑶妃》演出场景

事、长鼓芦笙、蝴蝶歌、长鼓舞、自然生态、瑶寨风情、山居民俗等于一体的大型人文山水历史情景剧《迎盘王》，利用现代 3D 多媒体舞台技术，打造一台气势恢宏，思想性、艺术性、观赏性高，舞美声光技术精湛的舞台剧，通过舞蹈、小品、魔术、杂耍等节目形式，再现莽莽岭南森林王国繁衍生息出来的贺州瑶族历史文化情景，营造出赏心悦目的瑶文化体验氛围，使人们在品尝醇美浓烈的瑶族民俗风情、体验厚重古朴瑶族传统文化精华的同时，领略现代贺州瑶文化生生不息的气息。

央视"心连心"艺术团走进贺州大型文艺表演

——贺州麒麟尊大剧院。荟萃瑶族建筑精华，融合国宝麒麟元素，用创意设计手法，建设具有岭南地域标志性特点、集歌舞表演、影像播放等功能于一体的贺州麒麟尊大剧院。

——动画片。以盘王身世神话故事为题材，以瑶族文化为主线，融合贺州山地森林生态景观，创作动漫作品，阐释瑶族森林生态文化的内涵，开发由此动漫片衍生出来的广播、影视、图书、音像、服装、玩具、饰品、电子图书、手机动漫等系列相关延伸产品。

——中国贺州瑶族文学作品系列创作

——中国贺州瑶族风情系列影视剧

②瑶族文化会展项目群。吸纳国内外著名文化企业总部、文化主题公园、文化产业园区、文化会展和娱乐活动进入贺州，策划举办各种瑶文化交流活动，打造一批区域性文化交流会展集群，形成一批资源与资本结合、产品与市场对接的全国性瑶文化产业展示窗口和产品技术交易平台。

——中国－东盟（贺州）瑶文化博览会。重点是利用中国－东盟博览会平台，创办中国－东盟（贺州）瑶文化博览会、中国－东盟（贺州）瑶文化产业论坛、中国－东盟（贺州）瑶文化出版论坛、贺州瑶文化电视展播周、贺州瑶文化图书展销会，拓展贺州瑶文化产品展示、交流和交易的内容和方式，把贺州打造成国际性瑶文化产业交流合作平台，建设成为面向东盟的区域性国际文化产业中心。

——中国广西·贺州瑶族民俗文化周。是集博览、展示、演艺、论坛、推介、交易、旅游等活动于一体的全国性瑶文化会展。主旨在充分发挥贺州瑶族资源优势，打造瑶族文化

游客在观看瑶锦编织过程

中国（贺州）瑶族盘王节暨广西贺州第五届农产品展销会

产业大众化交易博览平台，培育有影响力的瑶文化会展品牌。集中宣传推介全国各地重点瑶族文化产业项目，促进瑶族文化产品和服务走出去，加强瑶族文化交流合作，扩大瑶族文化影响力，促进瑶族经济发展。主要汇聚全国优秀瑶族文化商品、手工艺品、文化精品等产品，进行集中展示交易。设有全国瑶族文化产业综合馆、瑶族文化创意馆、瑶族文化生活馆、瑶族非物质文化遗产保护馆、瑶族奇石文化馆、全国瑶族自治县瑶文化精品馆（一县一馆）等主题展馆和若干个专题展区。通过展览展示、项目推介、宣传推广、文化产品交易等，助推资源、资本、产业、市场实现无缝对接，推动瑶族地区文化产业发展。

——中国广西·贺州瑶族美食文化节。以弘扬美食文化、打造美食品牌、突出美食特色、彰显美食魅力、推动美食创新为目标，将品牌宣传和文化娱乐相结合，展示企业风采，体

2013年贺州美食节

现餐饮水平和餐饮文化，形成一批有影响力的名店、名菜、名厨。以文化节促进瑶族饮食文化的深度研究挖掘，推进现代餐饮文化元素和传统餐饮制作技艺相融合，实现具有瑶族特色的瑶家饭、瑶家宴等菜系的产业化开发，形成我国南方地区独具特色的餐饮文化。

——中国广西·贺州瑶文化生态健康产业论坛。旨在弘扬瑶族特色饮食文化、医药文化、生态文化、养生文化，配合举办中国广西·贺州瑶族山居文化旅游节，打造全国瑶族文化生态健康产业论坛和会展高端品牌，助推贺州瑶文化生态健康休闲度假旅游这一潜力巨大的新兴业态的快速发展。以上国家级的瑶文化营销项目，要以全国丰富的少数民族文化资源为依托，高举促进全国少数民族地区文化资源与资本融合转化、推动少数民族地区文化产业跨区域合作与发展的特色大旗，以市场化、产业化、专业化为手段，由国家支持，自治区主办，贺州市承办，会展企业实施。

C板块——体验休闲项目

①中国贺州瑶山石艺街。瑶族园林式风情街区，按玩石的产地和种

类设立专卖店,展示销售玉器和各色石头工艺品。

②中国贺州姑婆山瑶族风情影视城。以瑶族民俗文化为主线,串联起姑婆山国家森林公园、贺州温泉、玉石林、紫云洞、西湾矿区、十八水、香桂缘、小凉河等自然文化资源。

③中国贺州大桂山黄田土瑶寨篝火晚会

④中国贺州瑶族文化形象大使选拔大赛

⑤贺州现代瑶家田园生态小镇。以瑶族耕山文化为主题,依托当地优良的生态农业资源,通过适度规模的特色田园组团与瑶式建筑组团的排列组合,在八步区打造一个具有瑶家风格的田园商旅生态小镇,系统展示瑶族现代农耕文明成果的创新与进步。

姑婆山影视拍摄基地

第七章　贺州瑶族文化资源产业化开发总体思路

表2　八步平桂瑶文化研发创意区项目

文化群英苑项目	演艺会展项目	体验休闲项目
中国费孝通瑶文化创意产业园项目群	1.瑶文化演艺项目群	中国贺州瑶山石艺街 中国贺州姑婆山瑶族风情影视城
（1）中国瑶文化群英樑项目 费孝通江应樑主题公园 费孝通江应樑瑶山行纪念工作室 费孝通江应樑瑶族文化研究图书馆 费孝通江应樑学术馆 费孝通江应樑瑶文化创意孵化园 中国瑶学领军人物群英阁	《迎盘王》歌舞剧 贺州麒麟尊大剧院 动画片《中华龙犬》 中国贺州瑶族文学作品系列创作 中国贺州瑶族风情系列影视剧	中国贺州大桂山黄田土瑶寨篝火晚会 中国贺州瑶族文化形象大使选拔大赛 贺州现代瑶家田园生态小镇
（2）中国瑶族历史文化博览项目 中国瑶族长鼓展览馆 中国瑶族服饰展销馆 中国瑶族美食展销馆 中国瑶族山寨村居展览馆 中国瑶族耕山展览馆 中国瑶族狩猎展览馆 中国瑶族医药展销馆 中国瑶族家具展览馆 中国瑶族农具展览馆 中国瑶族文献展览馆 中国瑶族展览馆 中国瑶族美术馆	2.瑶族文化会展项目群 中国—东盟（贺州）瑶文化博览会 中国广西·贺州瑶族民俗文化周 中国广西·贺州瑶族美食文化节 中国广西·贺州瑶文化生态健康养生产业论坛	
（3）中国瑶族文化开发研究总部基地项目 中国瑶族文化研究开发战略联盟 岭南瑶族文化研究开发战略联盟 广西瑶族文化研究开发战略联盟 文化研发公司		

（三）钟山昭平瑶文化体验集散区

1.设立依据。 钟山昭平均为林业大县，森林生态资源丰富。钟山县山川毓秀，风光旖旎，有荷塘十里画廊等许多迷人的风光，是广大游客休闲观光的好去处；昭平山清水秀，气候宜人，森林繁茂，唐代著名大诗人李商隐、宋代著名将领杨文广、明代文渊阁大学士解缙、南明永历皇帝朱由榔、近代孙中山以及著名文化名人梁漱溟、高士其等人，均先后到过昭平畅游名川秀水，文化底蕴深厚。

钟山昭平有特殊的山地森林生态景观、独特的山地地质地貌景观、奇特的溶洞与奇石景观、丰富的山地历史文化遗迹、珍稀的山地植物动物等，植被繁茂，河流密布，原生态风貌完整。丰富的自然景观资源、人文景观资源、生态环境资源，构成了发展森林旅游的优良资源，为瑶文化从核心区域向非核心区域延伸开发，提供了丰富的森林旅游产品载体。通过把瑶文化元素融入到森林生态环境的享受和体验中，发展森林观光、徒步、登山、越野、垂钓、狩猎、野营、探险、科普、疗养、度假等旅游产品和服务，拓展瑶文化开发方式，扩大瑶文化开发价值，打造世界级瑶文化体验休闲集散地。

2. 区域范围。包括钟山县回龙、石龙、凤翔、珊瑚、同古、公安、燕塘、清塘、红花10个镇，花山、两安2个瑶族乡；昭平县昭平镇、文竹、黄姚、富罗、北陀、马江、五将等7个镇，走马、樟木林、凤凰、木格、仙回（瑶族）等5个乡。

3. 发展定位。是贺州瑶文化产业整体布局的延伸区，建设成与瑶文化融合的生态产业带。以森林文化历史背景作为依托，以钟山昭平山地、森林、植被、古树、河流、小溪、湿地、田园等森林自然文化资源为载体，以昭平黄姚古镇和钟山十里画廊为核心，通过发展生态康体养生、休闲创意林业、森林旅游、林产会展等业态，引入展览、休闲、娱乐、度假、康体、疗养等现代休闲娱乐产品，形成以生态产品为载体的瑶文化产品生产、展示、销售、消费、体验集散区，以瑶文化体验为导向的生态产业带，瑶文化生态旅游长廊，知名休闲养生度假胜地，瑶文化体验展示区。

4. 项目设置。以瑶族生态文化为主线，以森林旅游为载体，进行项目设计。重点建设一批大型高端森林公园、自然保护区、森林浴场、森林野营地、森林风景名胜区、森林文化主题公园等项目，系统推进以瑶文化为指向的森林观光、徒步、登山、越野、垂钓、狩猎、野营、探险、科普、疗养度假等旅游产品开发，发展瑶文化体验森林旅游。根据森林旅游资源不同，有以自然景观资源，如地貌山景、溪谷水瀑、天象、动植物等为主的开发项目；以人文景观资源，如文物古迹、寺庙、民俗地域文化等为主的开发项目；以生态环境资源，如环境、负氧离子、植物精气等为主的开发项目。按钟山昭平两县的森林旅游资源特点，具体设置以下几类项目：

A 板块——文化休闲项目

①中国贺州生态健康产业园项目群

中国贺州生态健康产业园，具有户外教育、环境生态和历史文化体验等功能，是一座以昭平森林植被自然生态景观为依托，以瑶族山居文化为主题，集瑶文化体验、森林观光、休闲度假、狩猎娱乐、林业商务、科普教育、会务服务、家居办公（soho）、博览会展于一体的高端文化旅游综合体，是一座承载贺州森林城市文化灵魂的地标性多功能建筑群。它是一个展现森林科技与文化魅力的世界。项目构架：

——贺州岭南森林文化创意园

——广西森林历史博物馆

——中国岭南森林博物馆。通过图片、标本、沙盘、影像、实物等形式和高科技手法，展示岭南地区的山系、水系、植被与贺州自然风貌演变的关系，植被资源特色与分布特点，呈现中国南方山居民族多姿多彩的森林文化内涵。

中国贺州世界松香展览馆。世界松香在中国，中国松香在贺州，利用垄断性的松香原产地标识，阐释贺州自然人文地理的特殊内涵。具体由松香文化体验中心、营销推广中心、松香加工论坛组成，是休闲林业观光园区。

——贺州萌渚岭瑶家森林木屋别墅部落。以瑶族生态文明成果为主题，开发利用瑶族称谓之别的文化内涵，依据瑶族山居地形多样、森林叠翠的特点，开辟土瑶森林区、东山瑶森林区、红瑶森林区、西山瑶森林区、包帕瑶森林区、平地瑶森林区、小尖头瑶森林区、仙回瑶森林区、开山瑶森林区、高山瑶森林区、石门瑶森林区。利用贺州丰富的森林木材资源，建设有瑶族山居建筑特色的森林木屋别墅群，设置生态教育、文化展示、休闲、娱乐、度假等不同文化主题的项目，形成富有神秘色彩和文化特色的瑶族山居建筑博览园区，在园区里设置各类瑶族的典型民居、休闲茶苑、主题酒吧等文化体验旅游项目。

——中国岭南森林文化旅游节。以瑶文化体验为主线，以森林观光、森林休闲、森林养生、森林度假、森林狩猎、森林探险、森林科普、森林艺术、森林美食、森林论坛、森林研究交流等系列活动为内容，以森林旅游会展为路径，整合森林民俗文化，集成式打造广西森林文化名片。

生态健康产业园项目建设后，将成为蓝天、碧水、青山、古树相映的国家重点生态型旅游度假区，引领昭平大力发展森林休闲产业，极大提升贺州城市品位和影响力。

B板块——创意体验项目

①拍摄写生基地项目。将瑶文化元素植入到钟山昭平的山堂水殿林渊境景之中，塑造特色地域风貌景观，呈现特色山水田林风光，吸引国内外文化企业、美术院校到贺州，建设影视动漫拍摄创作基地和美院生写生基地。项目包括：

昭平大广原始森林影视拍摄基地

钟山十里画廊摄影基地

昭平八桂画院写生基地

中国贺州山水美术书画创作基地

②影视剧《森林·瑶蓝》项目。以瑶族迁徙繁衍历史故事为题材，

将迷人的神话传说与原始的森林景观融合起来，创作拍摄《森林·瑶蓝》系列山水历史题材影视剧，把古老神奇的林海复制到银屏上，唱响一曲恢宏壮阔的森林英雄史诗，再现贺州瑶族从蛮荒时代走到今天的辉煌发展历程，吸引海内外广大游客到贺州，体验民俗，生态度假，山居养生，寻根朝圣。

③中国贺州国际香草庄园项目。国际级高端农艺庄园项目。挖掘整合提炼瑶族医药文化、养生文化、饮食文化、生态文化、农耕文化，依托钟山荷塘十里画廊等核心景区，以香草园艺文化为主题，以特色香草种植为主线，从国际香草业推崇的品类中，优选适宜种植开发的香草。以文化创意为基调，规划建设旅游、度假、娱乐、医疗、养生、科研、文体等设施，打造集农业开发、文化创意、风情表演、旅游观光、康体养生、休闲度假于一体的高端特色农业文化旅游产业示范区。建成华南最有特色的创意休闲农业园区、高端养生休闲区、瑶浴 SPA 度假区、香草主题度假园区，岭南香草花卉世界，广西创意休闲农业与高端度假旅游结合的典范。建设项目主要包括：

香草产业园区

香草园艺区

八步区八步镇三加村的格桑花庄园

香草博览园

香草会所

香草度假村

香草怡养园

香草秀水 SPA 馆

香草蝴蝶园

八步区八步镇三加村的格桑花庄园

国际香草庄园，按生产区、展示区、销售区、景观区、休闲区布局。生产区主要种植特色香草、农作物、果树、蔬菜、花卉、药材，以及渔业养殖等，在庄园内参与香草生产活动，体验香草生产的乐趣；展示区主要展示先进的香草生态科技、最新香草品种等，接受香草科普教育和香草文化熏陶；销售区主要销售各类香草加工产品、有机特色食品、名贵植物盆景、民间工艺品、特色民俗纪念品、庄园旅游纪念品等。景观区主要设置观赏香草绿地、观赏型农田、特色瓜果、特色苗木、特色花卉、湿地、水际风光区等。休闲区主要建设集度假住宿与休闲娱乐功能于一体的建筑群，有小木屋、传统民居、阳光餐厅、表演活动场所、渔家垂钓等，体验乡村风情，享受休闲农业带来的文化乐趣。

④贺州瑶文化体验休闲农庄项目。休闲农庄是一个集现代高效农业、生态旅游观光、生态环境优化、民俗文化体验于一体的新兴文化旅游业态，休闲农庄既是珍禽花木、绿色蔬果、名特优农产品的集中种养生产加工基地，又是游客接近自然、观光休闲的最佳去处。以农产品、农耕文化、区域自然风貌为前提，以生态观光、休闲、采摘、购物、品尝、农事活动体验和传统农耕文化回味为目的，为人们提供一种自在、自然、幽静、野趣、新奇的新型游乐空间，满足人们返璞归真回归自然的文化消费需求。可以创意农业为手段，休闲农业为载体，参照中国贺州国际香草庄园项目模式，以挖掘瑶族文化内涵为主题，利用贺州丰富的有机农业、生态农业、循环经济等名特优农产品品牌，以及多元丰富的山水

森林植被生态景观，打造若干个性突出、功能互补的瑶文化指向的特色体验休闲农庄，以瑶文化开发，提升本区域农业竞争力。

⑤瑶族茶文化创意项目——昭平瑶山秀水茶林休闲农业谷

利用好现有的昭平县茶叶产业优势和茶园分布在山岭间的良好条件，把瑶族文化与茶文化相结合。贺州市昭平县产茶的历史最早可追溯到宋代。宋淳熙年间，昭平就开始种植茶叶，出产的"未过清"（清明前采制的茶叶）深受客户青睐。至今该县茶产业已成为昭平县特色优势支柱产业，打造培育了将军峰、亿健、凝香翠、大脑山、故乡、将军红等品牌，"昭平银杉茶"、将军峰有机茶、亿健有机茶、昭平红茶为代表的昭平茶以色、香、味、形俱佳的独特自然品质闻名，成为广西名茶之一，畅销各省、区、市和港澳台地区以及东南亚国家。先后获"中国茶产业发展政府贡献奖""全国重点产茶县""广西出口茶叶质量安全示范区"等殊荣。据统计，至 2012 年，昭平县茶园面积达 16 万多亩，

昭平瑶族姑娘在高山茶园上采茶

干茶产量 7030 吨，总产值 7.05 亿元；全县农民人均茶叶单项收入达 1550 元，有专业茶业公司 15 家，茶叶加工企业 100 多家，直接从事茶叶产业人数达 8 万人。

以瑶族耕山文化为主线，以瑶族茶文化为主题，依托富川优良的山水生态资源，在峰峦叠嶂、树林掩映的山谷中，打造一个集瑶文化休验、休闲度假、养生康体、运动娱乐等一

游客在昭平高山生态茶园采风摄影

体的瑶家茶园。茶园重点种植金花茶等茶中极品，建设成为全国瑶乡有机茶生产加工销售基地。用创意农业的手法，将茶园一块块的茶田，编织成各种园林艺术图案，让青翠欲滴的茶林，与清澈见底的泉水，四季如春的草木，鸟叫虫鸣的森林，烟雾缭绕的山峦，古朴别致的瑶寨山居，清新香溢的空气，天然和谐地融为一体，创作全国第一幅巨型瑶家生态文化实景写生画，在传承创新瑶族茶文化中，把瑶家茶园建设成一个瑶文化康体养生的天然超极大氧吧，岭南高端休闲度假旅游胜地。主体项目包括：

——瑶家山茶园

选择开发条件好的区域，连片规划种植万亩以上适宜种植的茶中极品，打造成为全国有机茶展示园地，配套建设瑶乡油茶加工生产线、油茶文化体验坊、油茶礼品营销部，举办瑶家油茶文化节，发展集采茶、制茶、品茶、购茶等为一体的茶文化休闲旅游，阐释瑶族茶文化内涵，演绎瑶族油茶的传奇功效，推动瑶族茶文化产业向高端发展。

——瑶家油茶食府

把瑶家油茶打造成为我区省级的非物质文化遗产。由于康体养生功

能，瑶族油茶文化正在得到广泛传播和接受。置身瑶家油茶食府，仿佛进入了一座油茶博览馆，咀嚼到幽香四溢心旷神怡的仙家味道，体悟到瑶族厚重山居文化的内涵，享受到瑶家美食健康养生提神益智、延年益寿之功效和妙用。

钟山瑶家油茶

——瑶家山寨别墅度假村

山寨别墅村古朴粗犷，在此，可体验到返朴归真的意趣，可参与到茶艺交流，欣赏到歌舞表演，聆听到林海松涛，接收到山风水韵，触摸到地脉文心，感受到瑶族清香的油茶文化、纯朴的山居文化、迷人的生态文化。竹林、香樟、小溪、花园环绕周围，高雅幽静，是最佳的高端文化休闲商务度假场所！

——瑶家茶行

瑶家茶行为瑶寨园林式街区，是瑶家养生长寿食品油茶文化节的核心平台，全国养生长寿食品油茶加工示范基地，现代化瑶家油茶专业生产加工作坊，油茶展销中心，全国茗品集散地。

以上四大项目构成了瑶山秀水茶林休闲农业谷的主体，其它配套开发项目在深入挖掘瑶族农耕文化特色内涵的基础上，可围绕食、住、行、旅、娱、购六大环节进行创意设计，将瑶族煮着喝的特殊茶文化开发全面引向深入。用创意农业、创意茶艺的手法，提升瑶文化的产业价值。

⑥贺州瑶家酒庄项目。是集参观、品酒、美食、娱乐、休闲、旅游、购物等功能于一体的文化体验休闲综合体，是以展示瑶族稻作文化、体验瑶族酒文化为核心的旅游度假区，以贺州米酒系列产品（含酒具、酒

器、酒药、酒食、酒技、酒艺、包装等一系列产品）为开发题材，打造
具有瑶族韵味的米酒文化旅游品牌。

表 3　钟山昭平瑶文化体验集散区项目

文化休闲项目	创意体验项目
中国贺州生态健康产业园项目群	1. 拍摄写生基地项目
贺州岭南森林文化创意园	昭平大广原始森林影视拍摄基地
广西森林历史博物馆	钟山十里画廊摄影基地
中国岭南森林博物馆	昭平八桂画院写生基地
中国贺州世界松香展览馆	中国贺州山水美术书画创作基地
贺州萌渚岭瑶家森林木屋别墅部落	2. 影视剧《森林•瑶蓝》项目
中国岭南森林文化旅游节	3. 中国贺州国际香草庄园项目
	香草产业园区
	香草园艺区
	香草博览园
	香草会所
	香草度假村
	香草怡养园
	香草秀水 SPA 馆
	香草蝴蝶园
	4. 贺州瑶文化体验休闲农庄项目
	5. 瑶族茶文化创意项目——昭平瑶山秀水茶林休闲农业谷
	瑶家山茶园
	瑶家油茶食府
	瑶家山寨别墅度假村
	瑶家茶行
	6. 贺州瑶家酒庄项目

五、工作体系

（一）全域化——构建资源体系

全域性瑶文化资源，是做大做强瑶文化产业的基础，是高起点、大
手笔规划瑶文化产业和策划瑶文化项目的原料。全域性瑶文化资源，既
包括瑶族的文化建筑、文化景观、文化遗迹等硬性瑶文化资源，也包括
瑶族文化历史、文化人物、文化故事等非物质文化遗产软性瑶文化资源，

所有能证明瑶族与众不同的一切文化资源都包含在其中。因此，开发瑶文化资源，除了利用好贺州全境本土的硬性瑶文化资源外，还要海纳广西、华南、全国、世界等四个层面范围的瑶族文化资源，构筑起全域化的瑶文化资源体系。全面系统收集、整理、挖掘、开发分布在全区和全国乃至全世界的软性瑶文化资源，主动对接国内外所有瑶学科研机构，利用好一切瑶学研究成果，生产出全球市场需要的瑶文化产品，建立起开放融合、具有市场生命力的瑶文化资源体系。

（二）总部化——构建研发体系

以贺州学院、市委党校、市社科联、文联、瑶学研究会、民间文艺家协会等文化科研机构为主体，贺州各县区文化馆、博物馆等为依托，贺州各类文化创意企业、演艺公司、文化经纪公司、广告传媒公司、影视广播公司、旅游公司、国家级景区等为载体，与中央民族大学、中国社科院、湘粤滇黔四省社科院，区内广西民族大学、广西社科院、广西博物馆、广西民族博物馆等相关科研院所和文博单位，构建贺州瑶族文化研究开发战略联盟。以各类产学研一体化的企业集团形式，邀请国内知名专家学者，探讨论证贺州瑶文化的历史渊源、内涵外延和开发价值，通过举办瑶族文化学术研讨会、瑶族文化产业论坛，出版瑶族文化研究书籍等形式，对瑶族历史文化进行深入系统全面的研究，为瑶文化资源产业化开发提供智力支持。

（三）园区化——构建生产体系

以主题文化公园、创意文化公园为主的各种形态的文化产业园区，作为文化产业的集聚形态，在建立健全产业链、激活文化创新、集中优势力量发展重点行业方面有着先天优势，是文化产业的新形态和文化生产力的重要组成部分，是具有完整产业管理体系的文化产品生产区域，是以文化为主题的体验式休闲消费区。贺州市可从文化主题定位、文化主线选择、发展动力塑造、业态载体构建、体验模式创新、文化产品创意、营销策略整合、投融资机制构建等方面，推进瑶文化产业园区建设，加快瑶文化生产体系构建。一是依托瑶族历史文化资源和时尚文化资源禀赋，以发展文化旅游为主要手段和核心产业，开发相关的系列文化产品，构建瑶文化产品生产体系。二是根据消费者对瑶文化和休闲需求，合理设置文化休闲创意、旅游观光体验、度假疗养、会展科教等多种功能的区域。三是重点抓好文化主题公园、文化旅游景区、文化旅游创意、文化旅游线路、文化旅游商品、文化旅游传播、文化旅游开发、文化旅游休闲娱乐、文化表演、文化旅游保护，以及文化旅游传播、娱乐配套设备的生产经营等主要产业形态。四是以旅游为主导，现代服务业和文化产业结合为手段，在泛旅游产业体系的支撑下，将文化主题、文化旅游吸引物、文化旅游设施、文化旅游服务、文化旅游开发投资等与文化旅游相关领域的发展要素加以整合优化，促进园区产业体系加快形成，做大做强文化旅游产业园。着重依托优势产业和瑶文化资源，建设一批主业突出、品牌效益显著的龙头性文化产业园区，促进全市文化资源优化配置和产业合理分工。强化自主创新研发能力，加快瑶文化创意、影视制作、出版发行、演艺娱乐、休闲度假、广告会展、数字技术和动漫游戏等瑶文化产业园区建设，培育壮大一批国家级、自治区级重点瑶文化产业园区，打造瑶文化产业高地。

（四）项目化——构建产品体系

充分挖掘瑶文化内涵，推进瑶文化与客家文化、壮族文化、岭南文化的整合，加强项目策划，优化产品生产，培植产品品牌，构建瑶文化产品体系。一是策划实施一批以瑶文化为内核的文化创意、体验休闲、演艺娱乐、康体养生、度假旅游、节庆会展、影视制作等项目，加快瑶文化资源产业化开发。二是策划实施一批瑶文化资源开发战略投资者培育项目，做大做强贺州瑶文化旅游产业投资开发集团等一批大型文化产业集团，打造瑶文化企业品牌，提高瑶文化企业的自主创新能力和投资开发能力。三是策划实施一批瑶文化品牌项目，开发现代瑶文化服务、休闲、娱乐产品以及瑶文化用品，形成多层次、多系列的瑶文化产品品牌，提高瑶文化产品品牌竞争力。四是策划实施一批会展项目，举办以瑶文化为主题的世界级、国家级、自治区级的博览会、节庆和会展，培育会展品牌，形成会展集群优势，营造良好的瑶文化产品营销环境。

（五）品牌化——构建营销体系

利用媒体宣传、博览会展、民俗文化节庆、评比认证、企业营销、地方网络、广告传媒等，创新瑶文化营销方式，构建瑶文化营销体系，在国内外打响瑶文化品牌，树立中国瑶族文化中心在贺州，中国瑶族先祖圣人在富川的瑶文化形象。一是打造贺州瑶文化品牌，通过创作影响力强的瑶文化影视作品、聘请知名影视明星为瑶文化形象大使等方式，增强瑶文化吸引力。二是同国内外主流媒体、旅游机构、影视公司、会展组织合作，构建全球性瑶文化立体传播网络。三是整合贺州市电信、广电、互联网三网资源，构建贺州瑶文化传播信息服务网络，增强瑶文化影响力。四是组建国有贺州国际文化演出公司、贺州国际文化产品展销公司，打造瑶文化传播龙头企业，成为与国际文化制作、经纪、营销机构开展合作的主力，为贺州瑶文化企业开展境外合作、商业演出、产品展销等提供技术指导、信息服务和知识产权保护，树立一批瑶文化品牌。五是以东盟国家为主攻市场，设立境外专业营销机构，同步开发瑶文化产品在亚洲、欧洲、北美洲、非洲的发展空间，构建国际文化市场的宣传促销体系，扩大国际知名度，把贺州打造成全国瑶文化走向世界的重点城市。

（六）资本化——构建投融资体系

加快推进文化与旅游的投融资体制改革，建立适应现代金融业发展要求的市场化的融资模式。大力创新开拓瑶文化资源的价值形态，赋予瑶文化资源的资产、资金、资本等具体价值形式，以瑶文化资产、资金、资本参与招商引资，筹集资金，促进瑶文化资源的资本化运作。着力加强政府引导性资金投入，设立瑶文化旅游开发专项资金，完善税收等相关配套政策，建立瑶文化旅游人才培养引进奖励机制，吸引社会资金和人才集中投向瑶文化旅游项目。引导瑶文化开发区的农户和农村集休，以土地入股等方式参与瑶文化项目开发，培育多元化的新型投融资主体。把瑶文化旅游当作投资商与政府置换资源的条件，把文化旅游综合体当作杠杆，把要素配置政策当作支点，投资商通过投资开发瑶文化旅游后，获得建设用土地指标；通过瑶文化旅游开发，推进区域土地价值的升级，以土地升值收入的一定比例，反哺投入到瑶文化旅游开发，形成瑶文化资源开发与文化地产开发良性互动格局。贺州市政府应创新土地投入方式，带动当地新型土地开发，促进文化产业园区建设。通过规划把控瑶文化旅游服务产品、文化旅游设施与瑶文化旅游房地产开发的比例与配套关系，确保瑶文化旅游服务产业的主体地位与带动效应，促进多业并举的综合型龙头投资开发企业的发展壮大。

第八章

贺州瑶族文化资源产业化开发对策措施

一、制定贺州瑶族文化资源产业化开发规划

以国家、自治区和贺州市的"十二五"经济社会发展规划和文化旅游发展专项规划为指导，加快编制贺州市瑶文化资源产业化开发总体规划。

编制规划时，应重点明确发展定位、功能区划，抓好项目策划。富川县作为瑶文化保护传承区，重点布局建设"一宫（盘王宫）、一峒（千家峒）、一片（传承片区）"，承担起生产、展示瑶文化原料、朝圣拜祖体验瑶文化的功能；八步平桂区作为瑶文化研发总部，重点布局建设"一盟（战略联盟）、一园（费孝通园）、一会（瑶博会）"，承担起研究开发瑶族文化、加工展销瑶文化产品的功能；钟山昭平县作为瑶文化产品体验集聚区，重点布局建设"一园（生态健康产业园）、一庄（香草庄园）、一地（影视基地）"，承担起发展特色商业服务、瑶族特色加工业，发展生态健康养生度假、休闲地产，以及销售瑶文化产品的功能。

成立由分管领导挂帅，发改、文化、土地、建设、财政、旅游、交通、宣传等相关部门组成的工作领导小组，统筹协调分期分批推进项目建设，并予以立项、审批、用地、资金等方面的倾斜扶持。

二、培育贺州瑶族文化资源产业化开发主体

瑶文化资源开发公益性与经营性交叉融合，涉及面广，宏观性强，开发起步阶段要求政府与企业分工合作，在运营上，采取"政府＋区域运营商＋次级开发商＋创意创业者"的开发模式，走"政府扶持、企业主体、文化创意者参与"的发展路子。重点抓好管理与经营两类主体建设。

（一）培育壮大管理属性的市场主体

成立代表政府负责具体管理的贺州市瑶文化开发区管理委员会，主要职责是编制实施全市瑶文化开发规划，协调瑶文化资源的保护、整合、开发和管理。

（二）培育壮大商业属性的市场主体

一是着力打造瑶文化资源产业化开发龙头企业。由市政府出资组建成立市属大型国有独资文化企业集团，即贺州市瑶文化旅游产业投资开发集团，赋予其体制改革载体、投融资平台、重大项目实施、文化走出去枢纽四大功能，主要致力于文化创意、资本运营、文化地产、文化会展、文化产品经营等方面产业发展。贺州瑶文化旅游产业投资开发集团，要把产业发展、城乡建设、社会统筹结合起来，在规划、土地一级开发、泛旅游产业项目开发、市政公用建设开发、商业房地产开发、住宅和度假商业开发等六个领域发挥重要作用，成为具有文化创意产业相关操作经验和推广平台优势，文化产业运作能力强，可承担土地一级开发和市政基础设施建设，业务综合发展，实力雄厚的区域运营商。二是吸引国内外知名文化企业参与资源开发和产业整合。全面放开旅游市场准入，筛选一批旅游重点项目，鼓励社会资本和各种所有制企业采取项目特许权、运营权、旅游景区门票质押担保和收费权融资等方式，参与文化旅游项目开发。

三、构建贺州瑶族文化资源产业化开发综合体

贺州要把瑶文化旅游综合体，作为瑶文化资源产业化开发的战略抓手。以文化体验、文化产业、文化旅游为导向进行土地综合开发，带动包括区域土地、地产、商业、会展、创意、体育、旅游在内的泛瑶文化旅游产业综合发展，形成包括主题公园、主题酒店、休闲新城、休闲商业、高尔夫球场、温泉等在内的泛文化产业聚集区，主要分为瑶文化核心吸引中心、瑶文化生态休闲聚集中心、瑶文化延伸发展中心三大板块。

（一）打造一批瑶文化核心吸引中心

根据贺州市三县二区的瑶文化产业开发布局，重点打造一批品牌价值高、主题特色浓、辐射带动强的瑶文化核心吸引物。富川县重点建设

盘王宫，八步平桂区重点建设费孝通园，钟山昭平县重点建设生态健康产业园，通过打造这些项目的核心品牌价值，聚焦人气，提升土地价值，以点带面，辐射带动其他项目的建设。

（二）构造一批瑶文化生态休闲聚集中心

围绕以上三大瑶义化核心吸引中心，促进各种休闲业态聚集，包括特色商街、主题酒店群、度假公寓、温泉 SPA、高尔夫球场、赛马场、赛车场等，使其成为瑶文化旅游休闲目的地。

（三）创造一批瑶文化延伸发展中心

包括高端居住小镇、学校、社区、研发园区、文化创意产业园区、企业总部基地等多种形态，是最重要的瑶文化延伸发展中心，即延伸发展瑶文化地产业、泛瑶文化旅游产业、现代服务业、现代农业、会议会展和文化创意产业等相关产业，进一步提升土地价值与品牌价值，吸引更多的社会资金进入。

四、创新贺州瑶族文化资源产业化开发投入机制

建立政府－银行－文化－旅游－地产五位一体的资金土地等要素投入方式，建立健全政企银联动的瑶文化资源开发资金筹集机制。

（一）政府投入方面

一是整合文化和旅游项目资金。将贺州瑶文化开发项目纳入贺州旅游发展项目盘子，转化成旅游项目，争取自治区旅游发展专项资金支持；确定一批贺州市瑶族文化旅游特色名镇、名村，积极争取自治区旅游发展专项资金重点支持。二是设立贺州市瑶族文化保护与传承专项资金。主要用于瑶族文化保护区建设、重大项目保护、文献典籍实物等征集整理和出版、濒临消失的瑶族传统文化抢救、瑶族非物质文化遗产代表性项目传承人培养、瑶族文化保护与传承单位的基础设施建设、改造、维护等。三是设立贺州市瑶文化产业发展专项资金。重点为瑶文化新业态

发展、重大项目建设、领军人才培养、产业基地建设等提供专项资金支持。从市本级土地出让金中，提取 1% 的经费用于文化产业基础设施建设和瑶文化资源开发项目的支持。四是鼓励社会资本参与瑶文化资源开发。对以独资、合资、参股、联合、合作、特许经营等方式，参与瑶文化资源开发的企业给予财政补贴和税费减免；享受西部鼓励类优惠的文化旅游企业，免征属于地方分享部分的企业所得税；扶持瑶文化开发企业上市，通过股票和债券市场融资；支持探索引入风险投资基金参与贺州瑶文化重大开发项目的建设；支持有经济实力的企业牵头组建贺州文化旅游投资集团，打造贺州瑶文化资源产业化开发投融平台；设立贺州市文化产业中小企业贷款风险备付金，支持贺州市投融资担保公司与商业银行一起合作，为文化中小企业提供贷款担保。

（二）银行投入方面

一是创新适合瑶文化资源产业化开发需要的信贷产品。支持银行增加对文化旅游企业和项目的授信额度，放宽文化旅游企业享受中小企业贷款优惠政策的条件，对不同类型瑶文化开发项目采用有针对性的信贷产品。推出产业链式信贷商业模式，促进瑶文化旅游集群和瑶文化旅游综合体建设。二是探索扩大抵押和质押贷款范围。允许企业以瑶文化旅游地产抵押、瑶文化旅游项目质押等，作为担保方式申请贷款。三是鼓励发放并购贷款，支持文化旅游企业兼并、重组、整合，促进贺州瑶文化资源和项目向重点企业集中；支持文化企业通过产权置换、合作开发等形式，与地产、旅游等相关产业的紧密融合。

（三）地产投入方面

创新建立有利于加快瑶文化产业发展的土地政策，利用休闲地产开辟瑶文化开发资金来源。以大型文化旅游投资集团为骨干、文化旅游休闲功能为主导、休闲地产产品为核心、瑶文化旅游土地综合开发为手段，促进瑶文化开发区新兴业态衍生集聚，土地价值提升，实现投资回报，创新瑶文化开发资金来源渠道。

一是推进瑶文化民俗特色休闲地产。对古民居街区进行改造，借助风貌提升，充实休闲和购物功能，形成贺州市民俗特色休闲街区。通过对瑶文化深度挖掘创意，进一步发展以仿古建筑和民俗特色建筑为主体的休闲市场。开发步行街、休闲购物街、仿古街、小商品市场等特色购物街区。

二是配套推进现代综合商业休闲地产。依托贺州市丰富的江河、湖泊、水库等资源，围绕观光景区、主题公园、主题博物馆、特色街区、影视城、温泉养生中心等核心瑶文化旅游休闲项目，重点发展瑶文化特色的滨水生态休闲文化地产，打造滨水生态休闲商业街区，建设一批生态环境优美、集商务旅游、康体养生、休闲度假等多功能于一体的高端文化旅游综合体。

三是优先给予瑶文化旅游项目用地支持。第一，策划、筛选一批特色瑶文化旅游项目，争取列入自治区统筹推进的重大文化旅游项目，纳入自治区统筹用地指标，拓宽用地指标来源。第二，瑶文化旅游项目开发中属公益性基础设施建设用地的，以划拨方式提供。第三，在山区城镇，对使用荒山、荒坡、劣地、废弃矿山等非耕地作为项目建设用地的，优先安排用地指标。第四，利用农村土地流转政策开辟项目建设用地来源。将文化资源开发项目用地与农业产业结构调整用地结合起来，允许农村集体经济组织和村民利用集体建设用地自主开发文化旅游项目；在土地所有权、使用权明确的前提下，支持农村集体经济组织和承包人利用非耕农用地、林权、集体土地承包权，在不改变土地用途的前提下以作价出资、投资入股、租赁方式与开发商合作开发文化旅游项目；对符合土地利用总体规划和保护自然生态环境的文化旅游项目，在不改变农用地性质的前提下，用地者可通过土地流转方式获得使用权。

五、实施贺州瑶族文化资源产业化开发创意行动

（一）推进贺州瑶文化创意产业发展

主攻方向是发展创意农业、创意工业、创意建筑、创意作品、创意艺术，打造出具有影响力的一幅绘画、一部电影、一部电视剧、一首歌曲、一部旅游演出剧目、一句宣传语、一个文化主题公园、一个古城古镇古村等，让文化创意成为瑶文化资源产业化开发的深层动力。全市应以城区、园区、企业为重点，以瑶文化元素植入贺州优势产业为主线，以创意为中心，以瑶文化产品研发设计、瑶文化品牌营销设计为主题，在全市开展瑶文化"创意城区""创意园区""创意企业"建设，逐步拓展延伸到各领域、各行业、各部门，加快推进贺州瑶文化创意产业发展。

（二）举办贺州瑶文化创意节

为贺州企业的创意产品交易、创意设计专利转让、创意设计技术合作、创意设计信息交流、创意设计融资提供综合性服务平台，推动文化创意与产业、技术、产品、市场、资本、人才的对接，营造有利于创意的社会氛围，多形式多途径地促进瑶文化产业发展。

（三）设立一批自治区级创意设计基地

组织实施重大瑶文化科技创新项目，培育一批广告制作、广播影视、产品设计、动漫游戏、旅游策划、表演艺术、数字技术等方面的文化创意群体，推动现代科技与瑶文化的融合。

富川县冬梅瑶绣有限公司生产的绣画

富川县冬梅瑶绣有限公司瑶女在生产瑶绣产品

六、推行贺州瑶族文化资源产业化开发运营新模式

核心内容是建立以"管委会＋公司"为构架、企业主导、政企合营的瑶文化资源开发管理运营模式。着力突破区县行政区域限制，引导实力雄厚的文化、旅游、农业、地产等各行业企业，通过资产重组方式，组建贺州瑶文化旅游产业投资开发集团，构建集文化创意、产品设计、生产经营、销售服务、文化旅游、生态休闲农业、会议会展、度假养生、地产开发、投资融资等功能于一体的瑶文化资源开发平台，形成文化—旅游—地产—营销多业态的战略联盟和利益共同体。贺州瑶文化开发区管理委员会，代表贺州市政府以签定合同的方式，委托贺州瑶文化旅游产业投资开发集团运营。开发集团取得开发片区的经营权、建设权、管理权、使用权，承担起招商平台、融资平台、营销平台的职能，具体负责瑶文化资源产业化开发项目规划建设。

七、优化贺州瑶族文化资源产业化开发环境

（一）推进生态文明建设

将文化旅游业作为推动生态产业化的战略性先导产业积极培育和发展，发挥文化旅游业对美丽贺州和生态文明建设的促进作用。结合贺州生态健康产业集群的发展，将瑶文化元素植入旅游产品中，突出地域特色和民族特色，打造贺州生态旅游、生态休闲、生态养生、生态养老的特色品牌，推动贺州产业转型升级，形成生态文明建设与文化旅游产业发展的良性循环。

（二）加快基础设施建设

市县区要加大对瑶文化资源产业化开发配套设施建设的投入，实施瑶文化资源开发基础设施建设工程会战，重点加

富川县大深坝新农村

强瑶文化资源富集地、名村名镇以及各旅游景区之间的路、水、电、通信、排污、环卫设施的建设，把重点瑶文化资源产业化开发区域的公路建设优先纳入市、县交通规划加快实施。加快完善以住宿、餐饮、购物为重点的文化旅游服务基础设施建设。

（三）加强人才队伍建设

一是在富川、八步等瑶族人口主要聚集区的中小学，开设瑶族歌谣、音乐、舞蹈、雕刻、刺绣、印染等各种艺术、技艺等课程，为挖掘瑶文化人才打好基础。二是贺州学院等本地院校

富川县瑶族学生在练习演唱瑶族蝴蝶歌

要加强瑶文化学科建设，完善瑶文化研究机构设置。优先将瑶文化专业列为特色专业予以扶持，重点培养瑶文化研究、创意、设计、开发和营

八步区贺街镇民族学校瑶族刺绣传习班

富川县铁耕村新貌

销等方面的人才。三是积极引进国内外著名瑶学专家学者参与瑶文化开发。加强与区内广西民族大学、广西师范大学等高等院校在瑶文化研究方面的学术联系，鼓励区内外知名瑶学研究机构和大专院校到贺州设立瑶学研究基地和实习基地，为国内外著名瑶学专家学者在贺州建立研究工作室，邀请瑶文化研究和文化产业开发的领军人物，到贺州开展瑶文化学术研讨、科学考察、瑶族民俗体验、休闲度假旅游，举办瑶族文化学术研讨会、瑶族文化研究论坛，开展瑶族文献、典籍、音乐、舞蹈等的记录、翻译、校订、出版、研发、利用等各项活动，形成瑶文化学术研究开发高地。

第九章

关于推进贺州市瑶族文化资源产业化开发的『1367』建议

一、谋划 1 大战略总揽贺州瑶族文化资源产业化开发

（一）总体战略

将贺州建设成全国瑶族文化创意先行区，全国瑶文化交流的重要平台，全球瑶文化休闲度假旅游胜地，最终发展成为中国瑶文化研发总部、世界瑶文化传播中心、全球瑶胞安放心灵的家园。

1.建中国瑶文化研发总部——就是建设高端瑶文化研发基地，占领瑶文化产品微笑曲线的研发高端，不断挖掘开发瑶文化资源中蕴含的经济价值，开展文化创意设计，创新文化产品，提高产品附加值、向国内外市场提供丰富多彩的新型瑶文化业态产品，把贺州建设成为以研发总部为支撑的全国瑶文化高端产品生产基地。

2.建世界瑶文化传播中心——就是建立瑶文化产品流通体系，占领瑶文化产品微笑曲线的营销高端，利用现代信息技术、通信技术、数字技术等高新技术，构建传输快捷、覆盖广泛的瑶文化传播体系，创新瑶文化产品销售方式，打造贺州瑶文化品牌，培育新型瑶文化产品流通业态，把贺州建设成为以现代传播渠道为支撑的全国瑶文化交流中心。

3.建全球瑶胞安放心灵的家园——就是建设盘王宫、瑶族祠等，吸引全球瑶胞到贺州朝圣、拜祖，追思祖先，并围绕盘王文化资源开发建设一批瑶文化休闲、养生、度假等旅游场所和设施，以及影视制作基地等，吸引国内外旅客到贺州进行瑶文化体验休闲，通过向不同类型、不同层次消费者，提供体现人文关怀的有形与无形的瑶文化产品，把贺州建设成为以盘王文化为支撑的瑶族同胞精神产品的超市。

（二）指导思想

以邓小平理论，三个代表重要思想，科学发展观为指导，把瑶文化资源产业化开发，作为转变经济发展方式的重要突破口，纳入贺州市经济社会发展的总体规划，统筹谋划加快发展。以瑶文化市场需求为导向，

以贺州市全域瑶族特色文化资源和自然人文环境为依托，以文化旅游综合体为抓手，以创意设计带动产业融合为路径，以体制机制创新为动力，以政府投融资平台为保障，通过大项目带动、大集团运作、大园区支撑，整合生态、文化、旅游三大资源，规划建设一批瑶文化传承、创意、体验精品区，树立一批瑶文化品牌，打造一批全国瑶文化传承基地、瑶文化展示基地、瑶文化研发基地、瑶文化创意基地、瑶文化体验基地，加快推进贺州瑶文化资源产业化开发，推动贺州文化大发展大繁荣，满足社会日益增长精神文化需求。

（三）基本原则

1.坚持政府引导。 建立政府引导、旅游运作的瑶文化资源配置机制，加快组建综合性大型瑶文化资源产业化集团，形成瑶文化资源开发的主导力量，精心策划，创意包装，打造品牌，促进瑶文化资源优化配置，做大做强瑶文化产业。

2.坚持项目带动。 从瑶族文化重点园区、重点产业、重点企业、重点产品切入，确立一批骨干工程，打造标杆性旗舰项目，以重点项目带动瑶族文化建设的关键环节和重要领域取得突破，全面提升文化产业综合实力和市场竞争力。

3.坚持产业融合。 寓瑶文化资源开发于产业发展之中，寓瑶文化需求于商品消费之中，统筹文化与旅游一体化发展，以文化旅游综合体为载体，采取多种运作模式，推进瑶文化资源产业化开发。

4.坚持全域推进。 以贺州世居瑶族为主体，同时吸收境外瑶族的文化，以及境内其他民族文化，统筹规划贺州二区三县的瑶文化资源开发，构建起合理的瑶文化产业空间结构布局。

5.坚持保护开发。 以生态环境、文物古迹、风景名胜、自然资源的保护为前提，振兴瑶族优秀传统文化，保护性推进瑶族文化资源开发，促进其可持续发展。

（四）开发目标

1. 总体目标。 以展示贺州瑶族历史文化为基调，按照制定好一批政策，确立好一批产业，培育好一批企业，建设好一批基地，开发好一批产品，举办好一批节会，展演好一批剧目，树立好一批品牌的"八个一批"要求，以瑶文化资源产业化开发集团为运营主体，通过招商引资、合作经营、特许经营等方式，经过八年努力，到 2020 年基本完成对三县二区的功能区划与重大项目空间布局，一批瑶文化保护、传承、展示、演艺、研发、营销等重大标志性工程和骨干项目开工建设，一批项目投产盈利，一批集文化、旅游、地产于一体的大型综合型开发企业、集团公司成为开发的主力军，竞争力强的绿色生态瑶文化产品不断涌现，多形式的瑶文化产品营销网络基本形成，瑶文化品牌影响力提升，一批大型瑶族文化旅游景区、瑶族文化旅游乡镇、瑶族文化旅游特色村寨形成，文化交流平台作用得到发挥，瑶文化开发政策趋于完备，以富川为核心的瑶文化资源产业化开发格局构建完成，瑶文化产业实现跨越式发展，成为贺州支柱产业。贺州建成全国瑶族文化创意先行区，世界级瑶文化休闲旅游度假胜地，实现建成中国瑶文化研发总部、世界瑶文化传播中心、全球瑶胞安放心灵的家园的奋斗目标。

2. 阶段目标

第一阶段（2013 年—2015 年），完成贺州瑶文化资源的普查、登记、立档、命名等工作，摸清家底，建立名录，形成重点，确定一批瑶文化保护区、瑶族文化名村名镇，命名一批瑶族民间文化传统传承人。开建一批重点项目，培育一批瑶文化龙头企业，树立一批瑶文化品牌。

第二阶段（2016 年—2020 年），瑶文化基础设施基本完善，瑶文化开发格局基本形成，瑶文化产品体系基本建立，瑶文化开发企业实力不断增强，瑶文化品牌竞争力不断提升，瑶文化人才队伍不断壮大，瑶文化产业规模稳步增长，瑶文化产业成为贺州经济社会发展的新增长点。

贺州成为中国瑶文化传习基地、中国瑶族文化产业化基地、世界瑶文化休闲养生旅游度假基地，成为中国瑶文化研发总部、世界瑶文化传播中心、全球瑶胞安放心灵的家园。

二、规划 3 大区域布局贺州瑶族文化资源产业化开发

功能区划范围，涵盖贺州八步区、平桂管理区、昭平县、钟山县、富川瑶族自治县等三县二区，共有 61 个乡镇。

以岭南贺州林海瑶寨为母体，以市域自然文化资源、经济资源、社会资源为依托，走瑶文化元素与科技、产品、项目、产业、园区、村镇、城市等多层次、多形式融合创新，文化资源开发与工业化、信息化、城镇化、农业现代化发展联动的产业化开发路子，通过建筑景观创意、空间体验创意、文化娱乐创意、商业设计创意、品牌形象创意，促进瑶文化创意园、瑶文化主题公园、瑶文化旅游度假区、瑶文化旅游项目开发建设，各类特色鲜明瑶文化产业综合体发展壮大，培育起瑶文化保护传承、瑶文化研发创意、瑶文化体验集散三大板块主体功能区，在全市三县二区构建起功能互补、优势互现的 3 大瑶文化资源开发功能区划格局。

（一）富川瑶族文化保护传承区

1. 设立依据。富川是广西六个瑶族自治县之一，贺州市唯一所辖的瑶族主要聚居县，境内总人口 1/3 以上是瑶族人。富川位于湘、粤、桂三省区瑶族人口聚居区核心层，属于南岭瑶族文化圈园心。其瑶族人文地理中心的地标价值独一无二，是贺州拥有的垄断性文化资源，是叫响贺州瑶文化品牌的最大天然优势所在。富川由于高山阻隔，交通封闭等历史原因，当地瑶族义化得到了较好传承，成为全区和全国瑶族文化保留比较完整的区域。深厚的历史底蕴，多彩的区域特色，使富川瑶族文化具有较高的文化价值、史学价值、科研价值、审美价值和开发价值，具备了设立瑶文化保护传承区的人文、历史、地理等条件。

2.区域范围。涵盖富川瑶族自治县所辖的富阳镇、白沙镇、莲山镇、古城镇、福利镇、麦岭镇、葛坡镇、城北镇、朝东镇、新华乡、石家乡、柳家乡等 12 个乡镇，面积约 1600 多平方公里。以瑶族创造积累的文化成果为保护传承对象，主要包括以下九大类：一是富川瑶族传统口头文学以及作为其载体的语言；二是富川瑶族美术、音乐、舞蹈、戏剧、曲艺和杂技，瑶族传统医药；三是富川瑶族传统节日、庆典、体育等系列活动；四是具有学术、史料、艺术价值的富川瑶族手稿、经卷、典籍、文献、契约、谱牒、碑碣、楹联、印章等；五是体现富川瑶族生产、生活习俗和历史发展的图腾、图案文化、服饰、器具、乐器、代表性建筑物、构筑物和设施、标识等；六是富川瑶族传统纺、染、织、绣、制陶、骨刻等工艺制作技术和工艺美术珍品；七是富川瑶族非物质文化遗产代表性项目的代表性传承人所掌握的知识和技艺；八是保存比较完整的富川瑶族文化生态区域；九是其他表现形式的富川瑶族文化。

3.发展定位。打造成全区瑶族文化保护传承先行示范区，建成全国瑶族文化保护传承基地、瑶族民俗文化产业开发基地、全国瑶文化创意休闲农业示范区。以上述九类资源为对象，有序推进瑶族文化遗产和保存完整的瑶族自然与文化生态地的保护。对列入国家和自治区少数民族文化保护名录的贺州瑶族文化遗产，实行重点专项保护。维护修缮具有瑶文化特色的建筑以及特定场所，建设恢复能够集中反映瑶文化的工程设施。以重点发展瑶文化旅游为核心，通过在富川命名一批瑶文化古村古镇、传习场所、展示场馆、生产作坊，设立一批瑶族民俗文化生态保护基地，推广一批瑶文化体验活动项目，具体推进富川瑶文化保护传承区建设，以现代产业手段和工程技术来复活瑶文化，实现瑶文化资源的产业化开发。

4.项目设置。涉及人文历史、文化旅游、农耕民俗、娱乐演艺、工艺美术、影视传媒、自然生态、运动休闲、健体养生、特色餐饮等 10

类 40 多个项目，分为文化主题公园项目板块、文化创意园项目板块（见报告表 1，富川瑶族文化保护传承区项目）。

（二）八步平桂瑶文化研发创意区

1. 设立依据。 八步区是贺州市委、市政府所在地，是贺州市的政治、经济、文化中心，资本、技术、人才、信息要素资源相对聚集的高地，引领文化创意研发的前沿地区。平桂区是贺州市的主要经济区域，是旅游资源相对富集的区域，以姑婆山国家森林公园重点景区为主力，已形成了涵盖辐射八步区的山水休闲游、温泉度假游、乡村生态游、风情文化游并驾齐驱的旅游产业格局。八步平桂两区在文化旅游上融为一体，客观上形成了一个密不可分的瑶文化资源开发整体。

2. 区域范围。 包括八步区 3686 平方公里，共涉及 15 个乡镇（含街道办事处）、1 个瑶族乡；平桂管理区原属八步行政区划，2007 年从八步区中分离，功能区划涉及西湾街道、黄田镇、鹅塘镇、沙田镇、公会镇、大平瑶族乡、水口镇、望高镇、羊头镇共 9 个乡镇（街道），总面积 2022 平方公里。

3. 发展定位。 建成贺州瑶文化研发基地、瑶文化创意产业示范基地、瑶文化传播基地、瑶文化人才培养基地，成为集研究创意、生产销售、文化体验、旅游休闲为一体的文化创意区，全国高端瑶文化休闲度假目的地。引导大专院校、文化企业、科研机构，挖掘瑶文化价值，研究传承途径，提出发展思路，编纂瑶族文化研究成果系列丛书，为传承发展瑶族文化以及培育瑶族文化产业提供理论指导。研发生产加工销售各类瑶族文化产品，兴建瑶族文化博物馆等展示传习等场所，出版瑶族语言文字图书报刊，抢救保护瑶族古籍、文物和珍贵实物资料，保护和传承瑶族传统手工艺。

4. 项目设置。 立足于全域性瑶族文化资源研发应用，着重瞄准"全国第一"制高点，收集全区、全国乃至全球的瑶族文化博物馆藏资料，兴建一批馆藏规模、文物品位均为全国第一的瑶族历史文化展示场馆和陈列区域，为系统开展瑶文化研究创造文物史料条件。在此基础上，垄断性地开发利用对瑶文化研究有重大影响的名人名家资源，吸引国内外从事瑶文化研究、创意等科研机构、文化公司、领军人才进驻，把贺州打造成全国最大的瑶族历史文化研发基地，建成集瑶文化研究、瑶文化创意、瑶文化展示、瑶文化休闲于一体的国家级瑶文化名人产业示范园区，构建引领全球的瑶学研发系统（见报告表2，八步平桂瑶文化研发创意区项目）。

（三）钟山昭平瑶文化体验集散区

1.设立依据。钟山昭平均为林业大县，森林生态资源丰富。钟山县山川毓秀，风光旖旎，有荷塘十里画廊等许多迷人的风光，是广大游客休闲观光的好去处；昭平山清水秀，气候宜人，森林繁茂，唐代著名大诗人李商隐、宋代著名将领杨文广、明代文渊阁大学士解缙、南明永历皇帝朱由榔、近代孙中山以及著名文化名人梁漱溟、高士其等人，均先后到过昭平畅游名川秀水，文化底蕴深厚。

钟山昭平有特殊的山地森林生态景观、独特的山地地质地貌景观、奇特的溶洞与奇石景观、丰富的山地历史文化遗迹、珍稀的山地植物动物等，植被繁茂，河流密布，原生态风貌完整。丰富的自然景观资源、人文景观资源、生态环境资源，构成了发展森林旅游的优良资源，为瑶文化从核心区域向非核心区域延伸开发，提供了丰富的森林旅游产品载体。通过把瑶文化元素融入到森林生态环境的享受和体验中，发展森林观光、徒步、登山、越野、垂钓、狩猎、野营、探险、科普、疗养、度假等旅游产品和服务，拓展瑶文化开发方式，扩大瑶文化开发价值，打造世界级瑶文化体验休闲集散地。

2.区域范围。包括钟山县回龙、石龙、凤翔、珊瑚、同古、公安、燕塘、清塘、红花10个镇，花山、两安2个瑶族乡；昭平县昭平镇、文竹、黄姚、富罗、北陀、马江、五将等 7 个镇，走马、樟木林、凤凰、木格、仙回（瑶族）等 5 个乡。

3. 发展定位。是贺州瑶文化产业整体布局的延伸区，建设成与瑶文化融合的生态产业带。以森林文化历史背景作为依托，以钟山昭平山地、森林、植被、古树、河流、小溪、湿地、田园等森林自然文化资源为载体，以昭平黄姚古镇和钟山十里画廊为核心，通过发展生态康体养生、休闲创意林业、森林旅游、林产会展等业态，引入展览、休闲、娱乐、度假、康体、疗养等现代休闲娱乐产品，形成以生态产品为载体的瑶文化产品生产、展示、销售、消费、体验集散区，以瑶文化体验为导向的生态产业带，瑶文化生态旅游长廊，知名休闲养生度假胜地，瑶文化体验展示区。

4. 项目设置。以瑶族生态文化为主线，以森林旅游为载体，进行项目设计。重点建设一批大型高端森林公园、自然保护区、森林浴场、森林野营地、森林风景名胜区、森林文化主题公园等项目，系统推进以瑶文化为指向的森林观光、徒步、登山、越野、垂钓、狩猎、野营、探险、科普、疗养度假等旅游产品开发，发展瑶文化体验森林旅游。根据森林旅游资源不同，有以自然景观资源，如地貌山景、溪谷水瀑、天象、动植物等为主的开发项目；以人文景观资源，如文物古迹、寺庙、民俗地域文化等为主的开发项目；以生态环境资源，如环境、负氧离子、植物精气等为主的开发项目（见报告表3，钟山昭平瑶文化体验集散区项目）。

三、构建 6 大体系保障贺州瑶族文化资源产业化开发

（一）全域化——构建资源体系

全域性瑶文化资源，是做大做强瑶文化产业的基础，是高起点、大手笔规划瑶文化产业和策划瑶文化项目的原料。全域性瑶文化资源，既包括瑶族的文化建筑、文化景观、文化遗迹等硬性瑶文化资源，也包括

瑶族文化历史、文化人物、文化故事等非物质文化遗产软性瑶文化资源，所有能证明瑶族与众不同的一切文化资源都包含在其中。因此，开发瑶文化资源，除了利用好贺州全境本土的硬性瑶文化资源外，还要海纳广西、华南、全国、世界等四个层面范围的瑶族文化资源，构筑起全域化的瑶文化资源体系。全面系统收集、整理、挖掘、开发分布在全区和全国乃至全世界的软性瑶文化资源，主动对接国内外所有瑶学科研机构，利用好一切瑶学研究成果，生产出全球市场需要的瑶文化产品，建立起开放融合、具有市场生命力的瑶文化资源体系。

（二）总部化——构建研发体系

以贺州学院、市委党校、市社科联、文联、瑶学研究会、民间文艺家协会等文化科研机构为主体，贺州各县区文化馆、博物馆等为依托，贺州各类文化创意企业、演艺公司、文化经纪公司、广告传媒公司、影视广播公司、旅游公司、国家级景区等为载体，与中央民族大学、中国社科院、湖南广东云南贵州四省社科院，区内广西民族大学、广西社科院、广西博物馆、广西民族博物馆等相关科研院所和文博单位，构建贺州瑶族文化研究开发战略联盟。以各类产学研一体化的企业集团形式，邀请国内知名专家学者，探讨论证贺州瑶文化的历史渊源、内涵外延和开发价值，通过举办瑶族文化学术研讨会、瑶族文化产业论坛，出版瑶族文化研究书籍等形式，对瑶族历史文化进行深入系统全面的研究，为瑶文化资源产业化开发提供智力支持。

（三）园区化——构建生产体系

以主题文化公园、创意文化公园为主的各种形态的文化产业园区，作为文化产业的集聚形态，在建立健全产业链、激活文化创新、集中优势力量发展重点行业方面有着先天优势，是文化产业的新形态和文化生产力的重要组成部分，是具有完整产业管理体系的文化产品生产区域，是以文化为主题的体验式休闲消费区。贺州市可从文化主题定位、文化主线选择、发展动力塑造、业态载体构建、体验模式创新、文化产品创意、营销策略整合、投融资机制构建等方面，推进瑶文化产业园区建设，加快瑶文化生产体系构建。一是依托瑶族历史文化资源和时尚文化资源禀赋，以发展文化旅游为主要手段和核心产业，开发相关的系列文化产品，构建瑶文化产品生产体系。二是根据消费者对瑶文化和休闲需求，合理设置文化休闲创意、旅游观光体验、度假疗养、会展科教等多种功能的区域。三是重点抓好文化主题公园、文化旅游景区、文化旅游创意、文化旅游线路、文化旅游商品、文化旅游传播、文化旅游开发、文化旅游休闲娱乐、文化表演、文化旅游保护，以及文化旅游传播、娱乐配套设备的生产经营等主要产业形态。四是以旅游为主导，现代服务业和文化产业结合为手段，在泛旅游产业体系的支撑下，将文化主题、文化旅游吸引物、文化旅游设施、文化旅游服务、文化旅游开发投资等与文化旅游相关领域的发展要素加以整合优化，促进园区产业体系加快形成，做大做强文化旅游产业园。着重依托优势产业和瑶文化资源，建设一批主业突出、品牌效益显著的龙头性文化产业园区，促进全市文化资源优化配置和产业合理分工。强化自主创新研发能力，加快瑶文化创意、影视制作、出版发行、演艺娱乐、休闲度假、广告会展、数字技术和动漫游戏等瑶文化产业园区建设，培育壮大一批国家级、自治区级重点瑶文化产业园区，打造瑶文化产业高地。

（四）项目化——构建产品体系

充分挖掘瑶文化内涵，推进瑶文化与客家文化、壮族文化、岭南文化的整合，加强项目策划，优化产品生产，培植产品品牌，构建瑶文化产品体系。一是策划实施一批以瑶文化为内核的文化创意、体验休闲、演艺娱乐、康体养生、度假旅游、节庆会展、影视制作等项目，加快瑶文化资源产业化开发。二是策划实施一批瑶文化资源开发战略投资者培育项目，做大做强贺州瑶文化旅游产业投资开发集团等一批大型文化产业集团，打造瑶文化企业品牌，提高瑶文化企业的自主创新能力和投资开发能力。三是策划实施一批瑶文化品牌项目，开发现代瑶文化服务、休闲、娱乐产品以及瑶文化用品，形成多层次、多系列的瑶文化产品品牌，提高瑶文化产品品牌竞争力。四是策划实施一批会展项目，举办以瑶文化为主题的世界级、国家级、自治区级的博览会、节庆和会展，培育会展品牌，形成会展集群优势，营造良好的瑶文化产品营销环境。

（五）品牌化——构建营销体系

利用媒体宣传、博览会展、民俗文化节庆、评比认证、企业营销、地方网络、广告传媒等，创新瑶文化营销方式，构建瑶文化营销体系，在国内外打响瑶文化品牌，树立中国瑶族文化中心在贺州，中国瑶族先祖圣人在富川的瑶文化形象。一是打造贺州瑶文化品牌，通过创作影响力强的瑶文化影视作品、聘请知名影视明星为瑶文化形象大使等方式，增强瑶文化吸引力。二是同国内外主流媒体、旅游机构、影视公司、会展组织合作，构建全球性瑶文化立体传播网络。三是整合贺州市电信、广电、互联网三网资源，构建贺州瑶文化传播信息服务网络，增强瑶文化影响力。四是组建国有贺州国际文化演出公司、贺州国际文化产品展销公司，打造瑶文化传播龙头企业，成为与国际文化制作、经纪、营销机构开展合作的主力，为贺州瑶文化企业开展境外合作、商业演出、产品展销等提供技术指导、信息服务和知识产权保护，树立一批瑶文化品牌。五是以东盟国家为主攻市场，设立境外专业营销机构，同步开发瑶文化产品在亚洲、欧洲、北美洲、非洲的发展空间，构建国际文化市场的宣传促销体系，扩大国际知名度，把贺州打造成全国瑶文化走向世界的重点城市。

（六）资本化——构建投融资体系

加快推进文化与旅游的投融资体制改革，建立适应现代金融业发展要求的市场化的融资模式。大力创新开拓瑶文化资源的价值形态，赋予瑶文化资源的资产、资金、资本等具体价值形式，以瑶文化资产、资金、资本参与招商引资，筹集资金，促进瑶文化资源的资本化运作。着力加强政府引导性资金投入，设立瑶文化旅游开发专项资金，完善税收等相关配套政策，建立瑶文化旅游人才培养引进奖励机制，吸引社会资金和人才集中投向瑶文化旅游项目。引导瑶文化开发区的农户和农村集体，以土地入股等方式参与瑶文化项目开发，培育多元化的新型投融资主体。把瑶文化旅游当作投资商与政府置换资源的条件，把文化旅游综合体当作杠杆，把要素配置政策当作支点，投资商通过投资开发瑶文化旅游后，获得建设用土地指标；通过瑶文化旅游开发，推进区域土地价值的升级，以土地升值收入的一定比例，反哺投入到瑶文化旅游开发，形成瑶文化资源开发与文化地产开发良性互动格局。贺州市政府应创新土地投入方式，带动当地新型土地开发，促进文化产业园区建设。通过规划把控瑶文化旅游服务产品、文化旅游设施与瑶文化旅游房地产开发的比例与配套关系，确保瑶文化旅游服务产业的主体地位与带动效应，促进多业并举的综合型龙头投资开发企业的发展壮大。

四、实施 7 大举措推进贺州瑶族文化资源产业化开发

（一）制定贺州瑶族文化资源产业化开发规划

以国家、自治区和贺州市的"十二五"经济社会发展规划和文化旅游发展专项规划为指导，加快编制贺州市瑶文化资源产业化开发总体规划。

编制规划时，应重点明确发展定位、功能区划，抓好项目策划。富川县作为瑶文化保护传承区，重点布局建设"一宫（盘王宫）、一峒（千家峒）、一片（传承片区）"，承担起生产、展示瑶文化原料、朝圣拜祖体验瑶文化的功能；八步平桂区作为瑶文化研发总部，重点布局建设"一盟（战略联盟）、一园（费孝通园）、一会（瑶博会）"，承担起

研究开发瑶族文化、加工展销瑶文化产品的功能；钟山昭平县作为瑶文化产品体验集聚区，重点布局建设"一园（生态健康产业园）、一庄（香草庄园）、一地（影视基地）"，承担起发展特色商业服务、瑶族特色加工业，发展生态健康养生度假、休闲地产，以及销售瑶文化产品的功能。

成立由分管领导挂帅，发改、文化、土地、建设、财政、旅游、交通、宣传等相关部门组成的工作领导小组，统筹协调分期分批推进项目建设，并予以立项、审批、用地、资金等方面的倾斜扶持。

（二）培育贺州瑶族文化资源产业化开发主体

瑶文化资源开发公益性与经营性交叉融合，涉及面广，宏观性强，开发起步阶段要求政府与企业分工合作，在运营上，采取"政府＋区域运营商＋次级开发商＋创意创业者"的开发模式，走"政府扶持、企业主体、文化创意者参与"的发展路子。重点抓好管理与经营两类主体建设。

1. 培育壮大管理属性的市场主体。成立代表政府负责具体管理的贺州市瑶文化开发区管理委员会，主要职责是编制实施全市瑶文化开发规划，协调瑶文化资源的保护、整合、开发和管理。

2. 培育壮大商业属性的市场主体。一是着力打造瑶文化资源产业化开发龙头企业。由市政府出资组建成立市属大型国有独资文化企业集团，即贺州市瑶文化旅游产业投资开发集团，赋予其体制改革载体、投融资平台、重大项目实施、文化走出去枢纽四大功能，主要致力于文化创意、资本运营、文化地产、文化会展、文化产品经营等方面产业发展。贺州瑶文化旅游产业投资开发集团，要把产业发展、城乡建设、社会统筹结合起来，在规划、土地一级开发、泛旅游产业项目开发、市政公用建设开发、商业房地产开发、住宅和度假商业开发等六个领域发挥重要作用，成为具有文化创意产业相关操作经验和推广平台优势，文化产业运作能力强，可承担土地一级开发和市政基础设施建设，业务综合发展，实力雄厚的区域运营商。二是吸引国内外知名文化企业参与资源开发和产业整合。全面放开旅游市场准入，筛选一批旅游重点项目，鼓励社会资本和各种所有制企业采取项目特许权、运营权、旅游景区门票质押担保和收费权融资等方式，参与文化旅游项目开发。

（三）构建贺州瑶族文化资源产业化开发综合体

贺州要把瑶文化旅游综合体，作为瑶文化资源产业化开发的战略抓手。以文化体验、文化产业、文化旅游为导向进行土地综合开发，带动包括区域土地、地产、商业、会展、创意、体育、旅游在内的泛瑶文化旅游产业综合发展，形成包括主题公园、主题酒店、休闲新城、休闲商业、高尔夫球场、温泉等在内的泛文化产业聚集区，主要分为瑶文化核心吸引中心、瑶文化生态休闲聚集中心、瑶文化延伸发展中心三大板块。

1. 打造一批瑶文化核心吸引中心。根据贺州市三县二区的瑶文化产业开发布局，重点打造一批品牌价值高、主题特色浓、辐射带动强的瑶文化核心吸引物。富川县重点建设盘王宫，八步平桂区重点建设费孝通园，钟山昭平县重点建设生态健康产业园，通过打造这些项目的核心品牌价值，聚焦人气，提升土地价值，以点带面，辐射带动其他项目的建设。

2. 构造一批瑶文化生态休闲聚集中心。围绕以上三大瑶文化核心吸引中心，促进各种休闲业态聚集，包括特色商街、主题酒店群、度假公寓、温泉 SPA、高尔夫球场、赛马场、赛车场等，使其成为瑶文化旅游休闲目的地。

3. 创造一批瑶文化延伸发展中心。包括高端居住小镇、学校、社区、研发园区、文化创意产业园区、企业总部基地等多种形态，是最重要的瑶文化延伸发展中心，即延伸发展瑶文化地产业、泛瑶文化旅游产业、现代服务业、现代农业、会议会展和文化创意产业等相关产业，进一步提升土地价值与品牌价值，吸引更多的社会资金进入。

（四）创新贺州瑶族文化资源产业化开发投入机制

建立政府－银行－文化－旅游－地产五位一体的资金土地等要素投入方式，建立健全政企银联动的瑶文化资源开发资金筹集机制。

1. 政府投入方面。一是整合文化和旅游项目资金。将贺州瑶文化开发项目纳入贺州旅游发展项目盘子，转化成旅游项目，争取自治区旅游发展专项资金支持；确定一批贺州市瑶族文化旅游特色名镇、名村，积极争取自治区旅游发展专项资金重点支持。二是设立贺州市瑶族文化保护与传承专项资金。主要用于瑶族文化保护区建设、重大项目保护、文献典籍实物等征集整理和出版、濒临消失的瑶族传统文化抢救、瑶族非物质文化遗产代表性项目传承人培养、瑶族文化保护与传承单位的基础设施建设、改造、维护等。三是设立贺州市瑶文化产业发展专项资金。重点为瑶文化新业态发展、重大项目建设、领军人才培养、产业基地建设等提供专项资金支持。从市本级土地出让金中，提取 1% 的经费用于文化产业基础设施建设和瑶文化资源开发项目的支持。四是鼓励社会资本参与瑶文化资源开发。对以独资、合资、参股、联合、合作、特许经营等方式，参与瑶文化资源开发的企业给予财政补贴和税费减免；享受西部鼓励类优惠的文化旅游企业，免征属于地方分享部分的企业所得税；扶持瑶文化开发企业上市，通过股票和债券市场融资；支持探索引入风险投资基金参与贺州瑶文化重大开发项目的建设；支持有经济实力的企业牵头组建贺州文化旅游投资集团，打造贺州瑶文化资源产业化开发投融平台；设立贺州市文化产业中小企业贷款风险备付金，支持贺州市投融资担保公司与商业银行一起合作，为文化中小企业提供贷款担保。

2. 银行投入方面。一是创新适合瑶文化资源产业化开发需要的信贷产品。支持银行增加对文化旅游企业和项目的授信额度，放宽文化旅游企业享受中小企业贷款优惠政策的条件，对不同类型瑶文化开发项目采用有针对性的信贷产品。推出产业链式信贷商业模式，促进瑶文化旅游集群和瑶文化旅游综合体建设。二是探索扩大抵押和质押贷款范围。允许企业以瑶文化旅游地产抵押、瑶文化旅游项目质押等，作为担保方式申请贷款。三是鼓励发放并购贷款，支持文化旅游企业兼并、重组、整合，促进贺州瑶文化资源和项目向重点企业集中；支持文化企业通过产权置换、合作开发等形式，与地产、旅游等相关产业的紧密融合。

3.地产投入方面。创新建立有利于加快瑶文化产业发展的土地政策，利用休闲地产开辟瑶文化开发资金来源。以大型文化旅游投资集团为骨干、文化旅游休闲功能为主导、休闲地产产品为核心、瑶文化旅游土地综合开发为手段，促进瑶文化开发区新兴业态衍生集聚，土地价值提升，实现投资回报，创新瑶文化开发资金来源渠道。

一是推进瑶文化民俗特色休闲地产。对古民居街区进行改造，借助风貌提升，充实休闲和购物功能，形成贺州市民俗特色休闲街区。通过对瑶文化深度挖掘创意，进一步发展以仿古建筑和民俗特色建筑为主体的休闲市场。开发步行街、休闲购物街、仿古街、小商品市场等特色购物街区。

二是配套推进现代综合商业休闲地产。依托贺州市丰富的江河、湖泊、水库等资源，围绕观光景区、主题公园、主题博物馆、特色街区、影视城、温泉养生中心等核心瑶文化旅游休闲项目，重点发展瑶文化特色的滨水生态休闲文化地产，打造滨水生态休闲商业街区，建设一批生态环境优美、集商务旅游、康体养生、休闲度假等多功能于一体的高端文化旅游综合体。

三是优先给予瑶文化旅游项目用地支持。第一，策划、筛选一批特色瑶文化旅游项目，争取列入自治区统筹推进的重大文化旅游项目，纳入自治区统筹用地指标，拓宽用地指标来源。第二，瑶文化旅游项目开发中属公益性基础设施建设用地的，以划拨方式提供。第三，在山区城镇，对使用荒山、荒坡、劣地、废弃矿山等非耕地作为项目建设用地的，优先安排用地指标。第四，利用农村土地流转政策开辟项目建设用地来源。将文化资源开发项目用地与农业产业结构调整用地结合起来，允许农村集体经济组织和村民利用集体建设用地自主开发文化旅游项目；在土地所有权、使用权明确的前提下，支持农村集体经济组织和承包人利用非耕农用地、林权、集体土地承包权，在不改变土地用途的前提下以作价出资、投资入股、租赁方式与开发商合作开发文化旅游项目；对符合土地利用总体规划和保护自然生态环境的文化旅游项目，在不改变农用地性质的前提下，用地者可通过土地流转方式获得使用权。

（五）实施贺州瑶族文化资源产业化开发创意行动

1. 推进贺州瑶文化创意产业发展。主攻方向是发展创意农业、创意工业、创意建筑、创意作品、创意艺术，打造出具有影响力的一幅绘画、一部电影、一部电视剧、一首歌曲、一部旅游演出剧目、一句宣传语、一个文化主题公园、一个古城古镇古村等，让文化创意成为瑶文化资源产业化开发的深层动力。全市应以城区、园区、企业为重点，以瑶文化元素植入贺州优势产业为主线，以创意为中心，以瑶文化产品研发设计、瑶文化品牌营销设计为主题，在全市开展瑶文化"创意城区""创意园区""创意企业"建设，逐步拓展延伸到各领域、各行业、各部门，加快推进贺州瑶文化创意产业发展。

2. 举办贺州瑶文化创意节。为贺州企业的创意产品交易、创意设计专利转让、创意设计技术合作、创意设计信息交流、创意设计融资提供综合性服务平台，推动文化创意与产业、技术、产品、市场、资本、人才的对接，营造有利于创意的社会氛围，多形式多途径地促进瑶文化产业发展。

3. 设立一批自治区级创意设计基地。组织实施重大瑶文化科技创新项目，培育一批广告制作、广播影视、产品设计、动漫游戏、旅游策划、表演艺术、数字技术等方面的文化创意群体，推动现代科技与瑶文化的融合。

（六）推行贺州瑶族文化资源产业化开发运营新模式

核心内容是建立以"管委会＋公司"为构架、企业主导、政企合营的瑶文化资源开发管理运营模式。着力突破区县行政区域限制，引导实力雄厚的文化、旅游、农业、地产等各行业企业，通过资产重组方式，组建贺州瑶文化旅游产业投资开发集团，构建集文化创意、产品设计、生产经营、销售服务、文化旅游、生态休闲农业、会议会展、度假养生、地产开发、投资融资等功能于一体的瑶文化资源开发平台，形成文化—旅游—地产—营销多业态的战略联盟和利益共同体。贺州瑶文化开发区管理委员会，代表贺州市政府以签定合同的方式，委托贺州瑶文化旅游产业投资开发集团运营。开发集团取得开发片区的经营权、建设权、管理权、使用权，承担起招商平台、融资平台、营销平台的职能，具体负责瑶文化资源产业化开发项目规划建设。

（七）优化贺州瑶族文化资源产业化开发环境

1. 推进生态文明建设。 将文化旅游业作为推动生态产业化的战略性先导产业积极培育和发展，发挥文化旅游业对美丽贺州和生态文明建设的促进作用。结合贺州生态健康产业集群的发展，将瑶文化元素植入旅游产品中，突出地域特色和民族特色，打造贺州生态旅游、生态休闲、生态养生、生态养老的特色品牌，推动贺州产业转型升级，形成生态文明建设与文化旅游产业发展的良性循环。

2. 加快基础设施建设。 市县（区、管理区）要加大对瑶文化资源产业化开发配套设施建设的投入，实施瑶文化资源开发基础设施建设工程会战，重点加强瑶文化资源富集地、名村名镇以及各旅游景区之间的路、水、电、通信、排污、环卫设施的建设，把重点瑶文化资源产业化开发区域的公路建设优先纳入市、县交通规划加快实施。加快完善以住宿、餐饮、购物为重点的文化旅游服务基础设施建设。

3.加强人才队伍建设。一是在富川、八步等瑶族人口主要聚集区的中小学，开设瑶族歌谣、音乐、舞蹈、雕刻、刺绣、印染等各种艺术、技艺等课程，为挖掘瑶文化人才打好基础。二是贺州学院等本地院校要加强瑶文化学科建设，完善瑶文化研究机构设置。优先将瑶文化专业列为特色专业予以扶持，重点培养瑶文化研究、创意、设计、开发和营销等方面的人才。三是积极引进国内外著名瑶学专家学者参与瑶文化开发。加强与区内广西民族大学、广西师范大学等高等院校在瑶文化研究方面的学术联系，鼓励区内外知名瑶学研究机构和大专院校到贺州设立瑶学研究基地和实习基地，为国内外著名瑶学专家学者在贺州建立研究工作室，邀请瑶文化研究和文化产业开发的领军人物，到贺州开展瑶文化学术研讨、科学考察、瑶族民俗体验、休闲度假旅游，举办瑶族文化学术研讨会、瑶族文化研究论坛，开展瑶族文献、典籍、音乐、舞蹈等的记录、翻译、校订、出版、研发、利用等各项活动，形成瑶文化学术研究开发高地。

参考文献

[1]奉恒高,何建强.瑶族盘王祭祀大典——瑶族盘王节祭祀礼仪研究[M].
北京：民族出版社.2010.

[2]顾江,高莉莉.我国省际文化产业竞争力评价与提升——基于31省市数
据的实证分析[J].福建论坛(人文社会科学版).2012(8).

[3]胡敏中.论物质文化和非物质文化[J].新视野.2008(1).

[4]刘小春.广西国家级非物质文化遗产系列丛书——瑶族长鼓舞[M].北
京：北京科学技术出版社.2012.

[5]莫金山.金秀大瑶山考察对费孝通一生学术研究的影响[J].广西民族研
究.2005(3).

[6]孙敬水,黄秋虹.文化产业核心竞争力最新研究进展[J].工业技术经
济.2012(12).

[7]吴绍琪,王智勇,李东宇.西部民族地区发展文化产业的路径研究[J].贵
州民族研究.2008(1).

[8]玉时阶.瑶族文化变迁[M].北京：民族出版社.2005.

[9]张有隽.瑶族传统文化变迁论[M].南宁：广西民族出版社.1992.

[10]赵彦云,余毅,马文涛.中国文化产业竞争力评价和分析[J].中国人民大
学学报.2006(4).

后记

    贺州市是瑶族人口居住比较集中的区域，瑶族文化资源十分丰富，文化品牌特征明显。为更好地推进瑶族文化资源产业化开发，提升文化软实力，增强区域竞争力，促进贺州市由民族文化资源大市向民族文化产业强市转变，由贺州市委常委、宣传部部长、副市长潘鸣牵头，贺州市社会科学界联合会组织专家共同组成"贺州市瑶族文化资源产业化开发研究"课题研究组，历时半年，形成了《贺州市瑶族文化资源产业化开发研究课题报告》，并通过专家评审会评审，现予结集出版。

    本书从产业视角，综合运用多种手段，对贺州瑶族文化资源产业化开发进行研究。通过深入剖析贺州瑶族文化资源产业化开发中存在的问题，在系统分析贺州瑶族文化资源的开发价值、开发内容、开发重点、开发模式和开发政策、产业路径、商业模式的基础上，提出了贺州市瑶族文化资源产业化开发的"1367"建议，以期为推进地区民族文化开发和文化事业、产业的繁荣发展，提供助益。

    本书的顺利出版，特别感谢贺州市委常委、宣传部部长、副市长潘鸣同志的支持，在她的亲自协调和参与下，研究过程得以顺利进行；广西管理研究会、富川县委县政府、以及贺州五县（区、管理区）社科联和市统计局、市民委等部门给予了大力支持；广西师范大学廖国一教授和林春逸教授、贺州学院李晓明教授和韦浩明教授对报告提出了宝贵的意见，在此一并表示感谢！

现实发展无止境，研究探索亦无止境。贺州市社会科学界联合会愿继续与广大社科工作者一道深入实际，坚持以重大现实问题为主攻方向，潜心研究探索，努力为全面建成小康社会当好"智囊团"、"思想库"。

本书如有错漏，敬请各位同行和专家批评指正。

贺州市社会科学界联合会

2013 年 11 月

联系电话：0774-5120791

联系邮箱：gxhzsskl@163.com